第二辑

中华传统文化经典注音全本

论 语

（第2版）

邓启铜　注释
殷光熹　审读

先师孔子行教像

东南大学出版社
SOUTHEAST UNIVERSITY PRESS

图书在版编目（CIP）数据

论语 / 邓启铜注释. —2版. —南京：东南大学出版社，2013.10（2024.5重印）
（"尚雅"国学经典书系：中华传统文化经典注音全本. 第2辑 / 邓启铜主编）
ISBN 978-7-5641-4270-4

Ⅰ. ①论… Ⅱ. ①邓… Ⅲ. ①儒家 ②《论语》–通俗读物 Ⅳ. ①B222.2-49

中国版本图书馆CIP数据核字(2013)第107107号

责任编辑：彭克勇　责任校对：钟　良
封面设计：方楚娟　责任印制：周荣虎

论语

出版发行	东南大学出版社
社　　址	南京市四牌楼2号　邮编：210096　电话：025-83793330
网　　址	http://www.seupress.com
电子邮件	press@seupress.com
印　　刷	东莞市信誉印刷有限公司
开　　本	787mm×1092mm　1/16
印　　张	19
字　　数	380千字
版　　次	2013年10月第2版
印　　次	2024年5月第21次印刷
书　　号	ISBN 978-7-5641-4270-4
定　　价	30.00元

本社图书若有印装质量问题，请直接与营销部调换。电话（传真）：025-83791830

与经典同行　与圣人为伍

序

"世界潮流,浩浩汤汤!"面对滚滚的世界潮流,不少有识之士发现日益国际化的中国正面临着丧失本土文化之危机。十几年来,南怀瑾大师发起的"全球儿童读经"已经从开始时的"该不该读经典"大讨论演变到"怎么读经典",然后又演变为现在的"成人读经典",大有"全民读经典"的趋势。放眼各地兴起的"书院热""国学热",无不说明以国学为主体的中华传统文化已然越来越受到重视。究其根本原因,是我们在国际交流的过程中不能没有自己的文化,要想在世界浪潮中居于主导地位,我们必须高度重视我们的传统文化经典。

传统文化是指传统社会形成的文化,它既是历史发展的内在动力,也是文化进步的智慧源泉。中华传统文化伦理思想贯穿始终;中华传统文化具有独特的审美意识和人文精神,在文学艺术上创造了辉煌的成就;中华传统文化注重对真理的思辨和追求。因此,中华传统文化是优秀的文化。

1988年,几十位诺贝尔奖得主齐聚巴黎发表宣言:"人类要在21世纪生存下去,必须回首2 500多年前,去汲取孔子的智慧。"联合国大厅里赫然书写着"己所不欲,勿施于人"。经典是唤醒人性的著作,可以开启人们的智慧!经典能深入到一个人心灵的最深处,能培养一个人优雅的举止和敦厚的品格!

早在2003年,我深受台中师范学院王财贵老师的影响,着力辅导女儿邓雅文等三位小朋友背经。不到三年的时间,他们就已熟背了《三字经》《百家姓》《千字文》《论语》《老子》《大学》《中庸》《唐诗三百首》《诗经》等经典。由于当时找不到一套好的教材,我便决心自编一套适合他们的教材。

面对中华五千年文明积累下来的经典,我们从经、史、子、集中精选了四十五种典籍作为"新月经典"之"中国传统文化经典儿童读本",分四辑陆续出版,并为其中二十种经典录制了配音CD。新书甫一推出,就被中央电视台新闻联播节目报道,并有多家媒体报道或发表了专访等。其中《论语》《三字经·百家姓·千字文》《老子·大学·中庸》等更是先后登上畅销图书排行榜,特别是《论语》,还登上了《南方都市报》2004年、2005年畅销书总排行榜。图书远销美国、加拿大、新加坡、印尼、菲律宾、中国台湾、中国香港等。无数读者来电、来信给了肯定,这些都是对我们的鼓励和鞭策。回顾这十多年的经典注释工作,真可谓:辛苦不寻常!我们在编辑、注释、注音时坚持以《四库全书》为主,遍搜各种版本,尽量多地参照最新研究成果,力争做到每个字从注释到注音都有出处,所选的必是全本,每次重印时都会将发现的错误更正,这样我们奉献给读者的图书才符合"精""准""全"的标准。也正因为如此,我们的这套经典才能在图书市场受到读者的欢迎。

和许多从事古汉语和文字研究工作的学者一样,我们在钻研这些经典时始终有一个困惑,即这些经典是由文言、古文字传承至今的,因此汉字的流变对理解原著的影响非常之大,加之汉字简化与繁体字并非一一对应,往往简化后就会产生歧义。因此,我们在按汉字简化原则由繁化简的同时,在整套书中,对于以下情况,我们保留了原文字:①後—后,这两个字在古文中是被严格区分的,"后来"和"後来"具有完全的不同含义,在《百家姓》中,这两个字也是不同的姓氏。②發—髮—发,在表示"须""毛"之义时用"髮",在表示"开""起"之义时用"發"。③餘—馀—余,"餘"是"馀"的繁体字,"馀"不是"余"的繁体字,而是"餘"的简体字。④適—适—敵,古代的"适"读kuò。而"適"通"嫡"和"敵",若简化为"适和敌",很难看出它们之间的通假关系。⑤另有少数不能简化部首偏旁的字和不便造字的字,我们保留了原文字,这样处理有利于精准保留原本面貌,也不致产生歧义,并兼顾了文字的发展和历史。

这次东南大学出版社推出的这套"东大国学书系"是我们在云南大学出版社"中国传统文化经典儿童读本"的基础上修订而成的,经过这七年的检验,我们发现不但儿童喜欢这种注音方式,而且一些老年人也特别喜欢这种"大字不老花"的版本,甚至有的大学教授也用我们这套书给大学生上课。因为有注音,他们不需查找便可方便地读准每个字,也不会闹笑话。因此我们认为经典注音是全民阅读的一种好方式,特别是青少年阅读习惯的培养更是一个国家、一个民族的希望之所在。为此,我们精选五十二种经典供读者选读,分为:

"中华传统蒙学精华注音全本":《三字经·百家姓·千字文》《千家诗》《声律启蒙·笠翁对韵》《孝经·弟子规·增广贤文》《幼学琼林》《五字鉴》《龙文鞭影》《菜根谭》《孙子兵法·三十六计》

"中华传统文化经典注音全本"第一辑:《庄子》《宋词三百首》《元曲三百首》《孟子》《易经》《楚辞》《尚书》《山海经》《尔雅》

"中华传统文化经典注音全本"第二辑:《唐诗三百首》《诗经》《论语》《老子·大学·中庸》《古诗源》《周礼》《仪礼》《礼记》《国语》

"中华传统文化经典注音全本"第三辑:《古文观止》《荀子》《墨子》《管子》《黄帝内经》《吕氏春秋》《春秋公羊传》《春秋穀梁传》《武经七书》

"中华传统文化经典注音全本"第四辑:《春秋左传》《战国策》《文选》《史记》《汉书》《后汉书》《三国志》《资治通鉴》《聊斋志异全图》

"中华古典文学名著注音全本":《绣像东周列国志》《绣像三国演义》《绣像水浒传》《绣像红楼梦》《绣像西游记》《绣像儒林外史》《绣像西厢记》

上述书目基本上涵盖了传统文化经典的精华。

博雅君子,有以教之!

"尚雅"国学经典书系主编
邓启铜
2010年3月

与经典同行　与圣人为伍

xué ér piān dì yī 学而篇第一	1
wéi zhèng piān dì èr 为政篇第二	10
bā yì piān dì sān 八佾篇第三	21
lǐ rén piān dì sì 里仁篇第四	34
gōng yě cháng piān dì wǔ 公冶长篇第五	44
yōng yě piān dì liù 雍也篇第六	58
shù ér piān dì qī 述而篇第七	71
tài bó piān dì bā 泰伯篇第八	86
zǐ hǎn piān dì jiǔ 子罕篇第九	96
xiāng dǎng piān dì shí 乡党篇第十	110
xiān jìn piān dì shí yī 先进篇第十一	122

颜渊篇第十二 ………… 138

子路篇第十三 ………… 152

宪问篇第十四 ………… 168

卫灵公篇第十五 …… 187

季氏篇第十六 ………… 202

阳货篇第十七 ………… 214

微子篇第十八 ………… 228

子张篇第十九 ………… 237

尧曰篇第二十 ………… 250

附：圣迹图 …………… 257

孔子圣绩图之麒麟玉书　明·仇　英

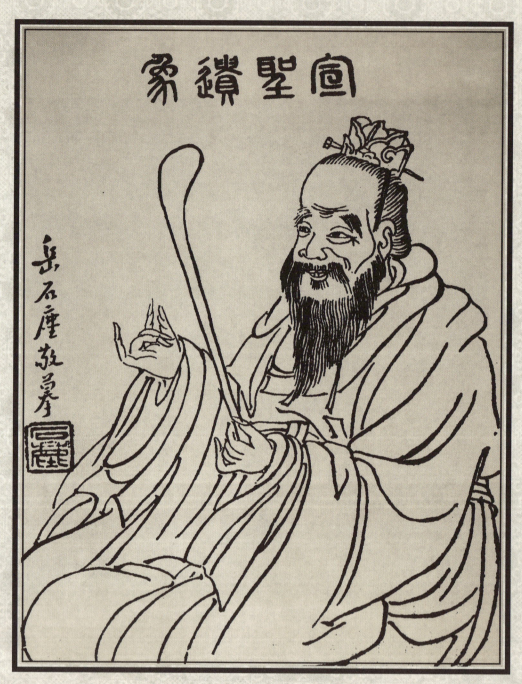

宣圣遗像　明·《历代贤哲像传》

孔府珍藏明代孔子像

论语注疏校勘记序

《春秋》、《易》大传,圣人自作之文也。《论语》,门弟子所以记载圣言之文也。凡记言之书,未有不宗之者也。鲁、齐、古本异同,今不可详。今所习者,则何晏本也。臣元于《论语注疏》旧有校本,且有笺识,又属仁和生员孙同元推而广之,于经、注、疏、释文皆据善本雠其同异,暇辄亲订成书,以诒学者云尔。

阮元记

孔子像

学而篇第一

孔子圣迹图之入平仲学图　清·改 琦

论语

1 子曰①:"学而时习②之,不亦说[悦]③乎?有朋自远方来,不亦乐乎?人不知④而不愠⑤,不亦君子乎⑥?"

2 有子⑦曰:"其为人也孝弟[悌]⑧,而好犯⑨上者,鲜⑩矣;不好犯上,而好作乱者,未之有也。君子务本⑪,本立而道⑫生。孝弟[悌]也者,其为仁之本与[欤]⑬!"

【注释】①子曰:子,古时一般用以尊称学问渊博、德行优异的男子。《论语》中的"子曰"的"子"一般是指孔子。钱穆在《论语新解》中据相关统计,曰:"《论语》孔子弟子惟有子、曾子二人称子,闵子、冉子单称子仅一见。"②习:本义是鸟儿练习飞翔,此指温习、实习。按钱穆的说法,所谓"时习"可从三个方面解释。一指的是年岁。古人六岁始学识字,七八岁教以日常简单礼节,十岁教书写计算,十三岁教歌诗舞蹈。此以年龄为时。二指的是季节。古人春夏学诗乐弦歌,秋冬学书礼射猎。此以季节为时。三指晨夕。温习、进修、游散、休息,依时为之。习者,如鸟学飞,数数反复。人之为学,当日复习,时复时,年复年,反复不已,老而无倦。③说:通"悦",高兴。④知:理解。人不知,指不能获得别人的了解或理解。⑤愠:怒,怨气。⑥君子:一般指道德高尚、修养优异的人。⑦有子:孔子学生,姓有,名若。⑧孝弟:孝是子女对待父母的正确态度;弟通"悌",弟弟对兄长的正确态度。⑨犯:冒犯。⑩鲜:少。⑪务本:务是致力于,本是树干,引申为根本、基础,这里指道的根本,指孝弟。⑫道:指仁之道。⑬与:通"欤",叹词,《论语》的"欤"都写作"与"。

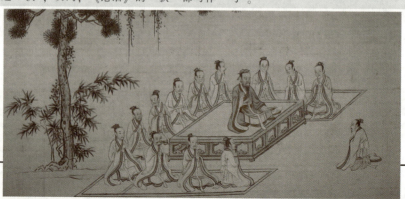

孝经图之开宗明义章 明·仇英

与经典同行　与圣人为伍

3 子曰："巧言①令色②，鲜矣仁③。"

4 曾子④曰："吾日三省⑤吾身：为人谋而不忠乎⑥？与朋友交而不信乎？传⑦不习乎？"

5 子曰："道⑧千乘⑨之国，敬事而信，节用而爱人⑩，使民⑪以时⑫。"

【注释】①巧言：虚伪的好的言语。巧，本义指好，此指论虚伪的、装模作样的好。②令色：令即善，色指面貌，即伪善的面貌。③鲜矣仁：仁心基本上已经荡然无存。鲜，少。钱穆曰："不曰'仁鲜矣'，而曰'鲜矣仁'，语涵慨叹。或本作'鲜矣有仁'，义亦同。"朱熹《论语集注》曰："专言鲜，则绝无可知，学者所当深戒也。"④曾子：孔子的学生，名参，字子舆。⑤三省：三表多次，省即自我反省。此处列举了三个方面的问题，易引起对"三"的误解。但也有学者认为"三"即指这三个方面的问题。⑥谋：谋事，办事。忠：此指竭尽自己的身心。所谓"成事在天，谋事在人"，只要自己竭尽身心，就是表现了忠心。⑦传：老师传授的知识。⑧道：治理。⑨乘：古代用四匹马拉着的兵车。⑩爱人：爱指仁爱，人指士大夫以上的人。⑪使民：役使民众。⑫以时：按照农时，古代以农耕为主。

学而篇第一

圣迹图之丑次同车　明·张　楷

6 子曰:"弟子入则孝,出则弟(悌),谨而信①,汎(泛)②爱众,而亲仁③。行有余力,则以学文④。"

7 子夏⑤曰:"贤贤⑥,易色⑦;事父母,能竭其力;事君,能致⑧其身;与朋友交⑨,言而有信⑩。虽曰未学⑪,吾必谓之学矣⑫。"

【注释】①谨而信:谨慎而信实。②汎:"泛"的异体字,广泛,普遍,又作"博"解。③亲仁:亲近喜爱有仁德的人。④文:文献资料,指古之遗文。⑤子夏:孔子的学生,姓卜,名商,字子夏。⑥贤贤:指以贤德之心对待那些贤才。⑦易色:指不重容貌。易指看轻,色指容貌。此句大致可理解为敬重贤妻的美好品德而不在乎她的外貌(并非不介意仪表言行)。刘宝楠引用宋翔凤的话说,此句犹是指夫妇关系而言。有学者认同,认为这一句专指夫妇而言,全章四句分指夫妇、父子、君臣、朋友四者。也有学者认为此处之"易"指的是改变,是生成了尊重贤者之心而改变去除了好色之心。清代学者王念孙认为,此句与《礼记·坊记》所引孔子"好德如好色"之言论多有相通之处。⑧致:献纳、委弃。⑨交:交往,往来。⑩言而有信:说话诚实而讲究信用。指的是一个有诚信的人。⑪虽:即使,尽管。曰未学:(谦虚地)口头上说未曾学到什么。⑫学:学习达到了一定的造诣。

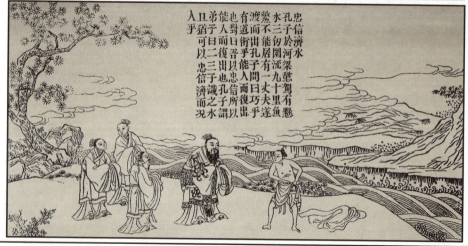

圣迹图之忠信济水·佚 名

与经典同行　与圣人为伍

8 子曰："君子不重①，则不威②；学，则不固③。主④忠信。无友⑤不如己者。过，则勿惮⑥改。"

9 曾子曰："慎终⑦，追远⑧，民德归厚矣。"

【注释】①重：厚重，厚道庄重。②威：威严，威信。此句言人不厚道庄重，则失威严，没威信。③固：固执。④主：以……为主。⑤无：没有。友：朋友。⑥惮：害怕。⑦慎终：慎即慎重，终即人死去，丧尽其礼。⑧追远：追即追祭，远即远祖，祭尽其诚。

学而篇第一

临宋人画之闲居　明·佚名

10 子禽①问于子贡②曰："夫子③至于是邦也④，必闻其政⑤。求之与欤⑥，抑与之⑦与欤？"子贡曰："夫子温、良、恭、俭、让以得之⑧。夫子之求之也，其诸⑨异乎人之求之与欤⑩！"

11 子曰："父在，观其志⑪；父没殁⑫，观其行。三年⑬无改于父之道⑭，可谓孝矣。"

【注释】①**子禽**：陈亢字子禽。②**子贡**：孔子学生，姓端木，名赐，字子贡。③**夫子**：做过大夫的人才可叫夫子，孔子曾为鲁国的司寇，故称夫子。④**至于**：到达，抵达。**是邦**：某一个国家。**邦**：国度，国家。⑤**闻**：了解，熟悉。**政**：国家政事。⑥**求**：求取得来，特意打听得来。⑦**抑与之**：或者主动告诉他。⑧**温**：温和。**良**：和善。**恭**：恭敬庄重。**俭**：节制。**让**：礼让谦逊。**以**：而。**得之**：得知当地政事。⑨**其诸**：或者。⑩**异乎**：异于，和……有所不同。**人**：他人，别人。⑪**"父在"两句**：这里有两种解释。一，"其"指儿子。说的是父亲还健在人世的时候，做儿子的不能独自处事，所以是对其志向予以观察；二，"其"指父亲。说的是父亲在世时，作为儿子的不能自主自专，应当顺从父亲的志向。⑫**没**：通"殁"，死。⑬**三年**：古人丧期为三年，故指丧期。⑭**父之道**：父亲生前的行事规矩。

孔子圣迹图之杏坛礼乐　明·佚名

与经典同行　与圣人为伍

12 有子曰："礼之用，和①为贵。先王之道，斯为美，小大由之②。有所不行，知和而和，不以礼节之，亦不可行也。"

13 有子曰："信近于义③，言可復④也。恭近于礼⑤，远⑥耻辱也。因⑦不失其亲⑧，亦可宗⑨也。"

【注释】①和：恰当，適当。②小大由之：大事小事都做得恰当。③信：信守诺言。义：台湾学者毛子水曰："义，是合理的意思。"一般可理解为公正、合宜。④復：实践诺言。⑤恭：态度恭谦，言行庄重。⑥远：不读 yuǎn。避免，远离。⑦因：依靠，凭藉。⑧失：失去，失离。亲：亲人，或曰可亲之人。⑨宗：主，可靠。

孔子圣迹图之退修诗书　明·佚　名

14 子曰："君子食无[毋]求饱，居无[毋]求安①，敏②于事而慎于言，就③有道④而正⑤焉，可谓好学也已。"

15 子贡曰："贫而无谄⑥，富而无骄⑦，何如⑧？"子曰："可也⑨；未若贫而乐⑩，富而好礼者也。"

【注释】①求：过分致力于。居：居处，居住。安：安逸舒适。②敏：快捷。③就：靠近。④有道：朱熹曰："凡言道者，皆谓事物当然之理，人所共由者也。"钱穆曰："有道，言有道德或道行之人。"⑤正：匡正。⑥谄：阿谀，谄媚。钱穆曰："谄者谄媚，卑屈于人。"⑦骄：骄傲，骄横。钱穆曰："骄者矜肆，傲慢于人。贫多求，故易谄；富有恃，故易骄。"⑧何如：设问句，意思是你怎么看。⑨可也：这样尚可，这样也还算可以的。⑩贫而乐：皇侃本为"贫而乐道"，正平本同，《史记·仲尼弟子列传》引此句亦作"贫而乐道"。一般认为有"道"较好，与下一句之"礼"相对而言。乐道，乐于遵循圣贤之道。

孝经图之士人章　明·仇　英

子贡曰:"《诗》云:'如切①如磋②,如琢③如磨④。'其斯之谓与⑤?"子曰:"赐也,始可与言《诗》已矣!告诸⑥往⑦而知来者⑧。"

16 子曰:"不患人之不己知⑨,患不知人也。"

【注释】①切:磨骨制工具的工艺,指用刀切断。②磋:制作象牙制品的工艺,用锉锉平。③琢:制作玉器的工艺,用刀雕刻。④磨:制作玉器的工艺,磨光。《诗经》这两句诗,成为成语许久了。有学者对这两句提出两种解释:一是切磋琢磨分别指对骨、象牙、玉、石四种不同的材料的加工,不加工则不成器;二指加工象牙和骨,切了还要磋,加工玉石,琢了还要磨,有精益求精之义。⑤其斯之谓与:大概就是说这样的意思吧。⑥诸:之于,之指子贡。⑦往:过去的事。⑧知来者:能够推理出其他方面的事情。与本书《述而》篇所言"举一隅而以三隅反"多有相通。⑨不己知:"不知己"的倒装,不了解自己。

孝经图之广至德章　明·佚　名

为政篇第二

孔子为鲁司寇像　明·佚名

与经典同行　与圣人为伍

1. 子曰："为政以德，譬如北辰①，居其所而众星共②之。"

2. 子曰："《诗》三百，一言以蔽之③，曰：思无邪④。"

3. 子曰："道导⑤之以政，齐⑥之以刑，民免⑦而无耻；道导之以德，齐之以礼，有耻且格⑧。"

【注释】①北辰：北极星。北极星，或曰北辰，出现于距北极很近的一颗亮星，差不多正对着地轴，人们在地球往上望，其位置几乎不变（这是对北半球之人而言，南半球之人肉眼看不到北极星，南极附近亦没有类似的星星）。在古代，由于科技水平不高，人们普遍认为天北极，就是那颗亮星恒定不变的"定居"位置，故称之为北辰，亦称北极星。②共：同"拱"，拱卫，环绕。古代中国人认为北辰处于天之中心。《尔雅·释天》："北极谓之北辰。"李巡注曰："北极，天心。"郭璞注曰："北极，天之中。"所谓"天心"或"天之中"，都认定北辰处于天之中心。众星拱卫北辰，围绕北极而旋转运行。钱穆曰："为政治领袖者，能以己之道德作领导，则其下尊奉信仰，如众星之围绕归向于北辰而随之旋转。"③蔽之：概括它。④思无邪：思想纯正。语出《诗·鲁颂·駉》。⑤道：通"导"，引导。⑥齐：统一。⑦免：免于刑。⑧格：纳入规范。

为政篇第二

孝经图之圣治章　明·佚　名

4 子曰："吾十有^①五而志于学，三十而立^②，四十而不惑^③，五十而知天命^④，六十而耳顺^⑤，七十而从心所欲，不踰矩^⑥。"

5 孟懿子^⑦问孝。子曰："无违。"樊迟^⑧御^⑨，子告之曰："孟孙问孝于我，我对曰：'无违'。"樊迟曰：

【注释】①有：通"又"，用于整数与零数之间。②立：自立，独立自主地行事。学者钱逊曰："孔子说，立于礼。所以自立就是自己能够自觉按照周礼的要求来处事。有人把'立'解释为站得住脚，但这章是讲孔子自己一生学习、修养的不同阶段的不同境界，这样解释与整章文意不合。"③不惑：不被外界事物所迷惑。此种外界事物，多含贬义，如异端、邪说之类。在现今充斥着物质欲望的中国，此种外界之物常常是指女色。官场、商场，不少人被金钱与女色迷惑而导致不光彩下场。④天命：钱穆曰："天命，人生一切当然之道义与职责。"也有人认为系指事物发展的普遍规律。刘宝楠曰："天命者，……言天使已如此也。知天命者，知己为天所命，非虚生也。"按台湾学者毛子水的理解，是说，天让人生活在世上，是要命他顺善循理，要显示出他比别的生物尊贵，所以"不知天命无以为君子"。⑤耳顺：指能明白贯通。⑥踰矩：超越规矩。⑦孟懿子：鲁国大夫，姓仲孙，名何忌。⑧樊迟：孔子的学生，名须，字子迟。⑨御：（替孔子）驾车。

孝章图之庶人章　明·佚　名

"何谓也?"子曰:"生,事之以礼;死,葬之以礼,祭之以礼。"

6 孟武伯①问孝。子曰:"父母唯其②疾之忧。"

7 子游③问孝。子曰:"今之孝者④,是谓能养⑤。至于犬马,皆能有养⑥。不敬,何以别乎?"

【注释】①孟武伯:即仲孙彘,孟懿子的儿子。②其:孝子的。③子游:孔子学生,姓言,名偃,字子游。据《史记》:"言偃,吴人,字子游,少孔子四十五岁。"④今之孝者:当下人们所谓的孝道。⑤养:旧读yàng。供养,侍奉。是谓能养:是说能够给予食物(为孝道)。⑥养:此处之"养",一般认为解释作"饲养,供给食物以使活下去"。对"至于犬马"两句有两种意见:一指狗守门、马拉车驮物,也可侍奉人,即犬马也能养人。这种解释免了把人的父母比作犬马的嫌疑。一指犬马也可得到人的饲养。此时"养"音yǎng。

圣迹之图之孝经传曾·佚名

8 子夏问孝。子曰："色难①。有事，弟子服其劳；有酒食，先生②馔③，曾④是以为孝乎？"

9 子曰："吾与回⑤言终日，不违⑥，如愚⑦。退而省其私⑧，亦足以發⑨。回也不愚！"

【注释】①色难：和颜悦色难。此句省略了主语，故易引起歧义。郑玄注释《论语》时说："言和颜说色为难也。"这是说，子女对父母，应当常常和颜悦色。学界多同意此观点。也有人认为指的是难以顺承父母的脸色。此说响应者甚少。②先生：长辈。③馔：吃喝。④曾：竟。⑤回：颜回，孔子最得意的学生，字子渊。《史记·仲尼弟子列传》："颜回者，鲁人也，字子渊；少孔子三十岁。"而据清代学者崔述的考订，颜回比孔子小四十岁。作为孔子早年的弟子，颜回在德行科表现最为优异。⑥不违：不违背孔子，对孔子多有听从受命，不会发难而提出不同意见，也就是"无所怪问于孔子之言"。⑦如愚：如同愚笨之人。後来之成语"大智如愚"大致可说从这里衍生而来。大智如愚，指智慧极高的人，不炫耀自己，深藏不露，看上去显得愚笨。⑧退：从老师授课的地方退回来。省其私：省是观察，其是指颜回，私是私下与别人交谈。此句的可理解为：观察颜回与别的学生私下讨论学问时的言论。⑨發：發挥。

圣迹之图之克复传颜·佚　名

与经典同行　与圣人为伍

10 子曰："视其所以①，观其所由②，察其所安③，人焉④廋⑤哉！人焉廋哉！"

11 子曰："温故而知新⑥，可以为师矣。"

12 子曰："君子不器⑦。"

【注释】①所以：为什么做。②所由：怎样做。③所安：心安于什么。④焉：何处。⑤廋：隐藏。⑥温故而知新：既温习学过的知识又有新的体会。温即温习，故指旧（知识），知新即知道新的（知识）。⑦不器：不像器具（只有一定的用途，即用途不广）。朱熹《论语集注》曰："器者，各适其用而不能相通。成德之士，体无不具，故用无不周；非特为一才一艺而已。"学者多持此观点，认为各种器具分别具有专门的用途，而孔子认为君子不应局限于某一专门知识或技能，应在具备完美德行的情况下，博学多能。台湾学者毛子水提出另类的观点，他认为，孔子的意思或许是：器随人所用；君子处世，当有不可夺的志意，不能像器具那样随人所用。

孔子圣绩图之退修琴书图　明·仇英

为政篇第二

13 子贡问君子。子曰:"先行其言,而后从之①。"

14 子曰:"君子周②而不比③,小人比而不周。"

15 子曰:"学而不思则罔④,思而不学则殆⑤。"

【注释】①从之:说出来。朱熹《论语集注》曰:"先行其言者,行之于未言之前;而后从之者,言之于既行之后。"这里意思是,先做好要做的事,然后再说相关的话。此观点为多数学者认同。钱穆曰:"行在言先,言随行后,亦敏于行而讷于言之义。"而宋代沈括《梦溪笔谈》曰:"'先行'当为句。"台湾学者毛子水同意此观点,认为这两句当断句为"先行,其言而后从之。"②周:忠信为周。③比:此义古音读bì,今常读bǐ。阿党为比(即结党营私),互相勾结。④罔:诬罔。⑤殆:疑惑。

圣迹之图之金人铭背 · 佚 名

16 子曰："攻①乎异端②，斯害也已③。"

17 子曰："由④，诲女(汝)⑤知之乎？知之为知之，不知为不知，是知(智)⑥也。"

18 子张⑦学干禄⑧。子曰："多闻阙⑨疑⑩，慎言其余，则寡尤⑪；多见阙殆⑫，慎行其余，则寡悔。言寡尤，行寡悔，禄在其中矣！"

【注释】①攻：致力于。也有人认为是指攻击。②异端：指小道和杂书（非五经正典）。皇侃曰："异端，谓杂书也。言人若不学六籍正典而杂学于诸子百家，此则为害之深。"也有人认为"异端"即指不同于孔子言论的思想学说，所谓的不正确言论，并具体列举不正确的思想学说为杨、墨、佛、老之类。钱穆曰："孔子时，尚未有杨、墨、佛、老。"钱穆在《论语新解》中认为异端是泛指，一事必有两头，一线必有两端，从这端看，那端是异端；从那端看，这端是异端。因而不可偏执其中一端。③斯：代词，这，指异端邪说。也已：句末语气助词，无实在意义。此处起到表示肯定的作用。已，同"矣"。④由：孔子的学生，姓仲，名由，字子路。《史记·仲尼弟子列传》曰："仲由，字子路，卞人也；少孔子九岁。"卞，其地约今山东省泗水以东。据传仲由为孔子早年弟子，是政事科的得意门生。⑤女：通"汝"，你。⑥知：同"智"，聪明。⑦子张：孔子学生颛孙师，字子张。⑧干禄：干，求；禄，旧时官吏的俸给。⑨阙：放置一边或避免。⑩疑：不能肯定而有所不信。⑪尤：过失、错误。⑫殆：不良后果，危害。

圣蹟图之 泰山问政·佚 名

19 哀公①问曰："何为则民服？"孔子对曰："举②直错措③诸枉④，则民服；举枉错措诸直，则民不服。"

20 季康子⑤问："使民敬、忠以⑥劝⑦，如之何⑧？"子曰："临之以庄⑨，则敬；孝慈⑩，则忠；举善而教不能⑪，则劝。"

【注释】①哀公：鲁君，姓姬，名蒋。公元前494年-公元前466年在位。"哀"是其死后的谥号。按一般说法孔子是鲁人，故"哀公"前未加"鲁"字。②举：推举，提拔。③错：同"措"，放置（在……之上）。也有人认为"错"为"废置""废弃"之义，但甚少人同意此说。④枉：不正派之人。⑤季康子：季孙肥，哀公正卿。鲁国贵族季孙氏的后代，鲁哀公时期是朝廷权臣。"康"是他死后的谥号。⑥以：和。连词。⑦劝：勉励。此指自我勉励奋发。⑧如之何：要达到这样的目的如何做。⑨临：对待。庄：庄重严肃。⑩孝慈：可理解作两个方面。一指当政者自己实行孝慈，一指当政者引导百姓孝慈。学者钱穆曰："今按上下文理，盖谓在上者能导民于孝慈，使各得孝其老，慈其幼，则其民自能忠于其上。"钱穆倾向于后一说法。⑪举善：提拔任用善者。教不能：教诲能力差的人。

孔子圣迹图之赤虹化玉 明·佚 名

与经典同行　与圣人为伍

21 或①谓②孔子曰："子奚③不为政?"子曰："《书》④云:'孝乎惟孝,友于兄弟。施⑤于有政。'是亦为政,奚其为为政?"

22 子曰："人而无信⑥,不知其可也⑦。大车⑧无輗⑨,小车⑩无軏⑪,其何以行之哉⑫?"

【注释】①或:有人。②谓:对……说。③奚:何。④书:尚书。⑤施:延及。⑥信:诚信,信用。⑦其:有人译作"他(她)",则这两句译作"一个人如果不讲诚信,就不知道他(她)怎么可以。"有人译作"那",则这两句译作"一个人如果不讲诚信,那就不知道怎么可以。"⑧大车:古代用牛力的车。⑨輗:辕端横木,缚轭以驾牛者。⑩小车:古代用马力的车。⑪軏:辕端上曲,钩衡以驾马者。郑玄曰:"輗,穿辕端著之;軏,因辕端著之。车待輗軏而行,犹人之行不可无信也。"朱熹曰:"车无此二者则不可以行,人而无信亦犹是也。"⑫其:那。当然也可理解为代词,指代大车和小车。

孝经图之诸侯章　明·仇　英

23 子张问：“十世①可知也②？”子曰：“殷因于夏礼③，所损益可知也④。周因于殷礼，所损益可知也。其或继周者，虽百世可知也。”

24 子曰：“非其鬼而祭之，谄也。见义不为，无勇也。”

【注释】①十世：十代人，这里指未来的十代。②也：用法同"耶"，表疑问语辞。③殷：朝代名，一般称商朝。一般认为建立于公元前十六世纪，灭亡于公元前十一世纪。因：因袭、沿袭。④损益：损减和增益，指的是变动。钱穆曰："损益犹言加减，乃变通之义。历史演进，必有承袭于前，亦必有所加减损益。观其所加减损益，则所以为变通者可知，而其不变而仍可通者亦可知。"

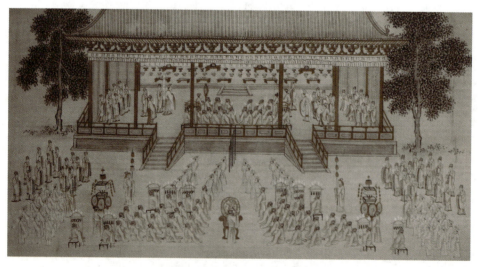

孝经图之感应章　明·仇　英

八佾篇第三

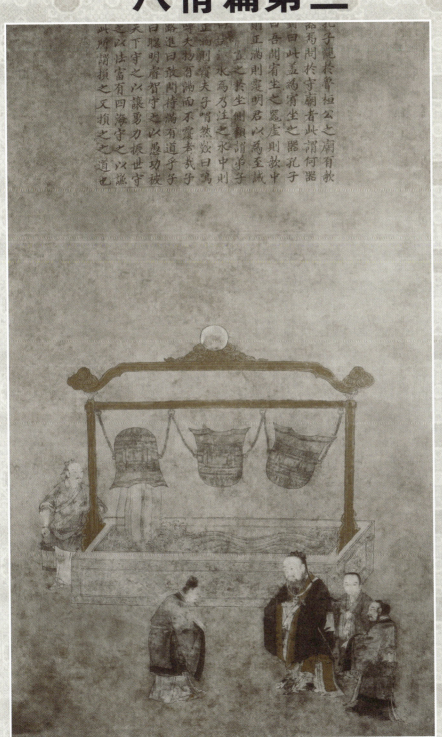

孔子观欹器图　明·佚名

公元前五○六年，孔子四十六岁，观鲁桓公庙内之欹器，对弟子说：「虚则欹，中则正，满则覆。」

1 孔子谓季氏①,"八佾②舞于庭,是可忍也③,孰不可忍也④?"

2 三家⑤者以《雍》⑥彻⑦。子曰:"'相⑧维辟公⑨,天子穆穆⑩',奚取于三家之堂?"

3 子曰:"人而不仁,如礼何?人而不仁,如乐何?"

【注释】①谓:此处的"谓"并非指"对……说、讲"之义,而是"讲到……而说"或"谈论到……而说"的意思。季氏:指季平子,即季孙意如。当时鲁国朝廷的权臣,掌握大权的贵族。②八佾:古代舞蹈奏乐,八个人为一行,叫一佾,八行六十四人叫八佾,只有天子才能用,诸侯用六佾,大夫用四佾,士用二佾,季氏是大夫应用四佾。季孙氏在他的家庙之庭作八佾之舞,是以大夫而僭用天子之礼。③是:代词,但具体指代什么,向来有分歧。有学者认为,如果说"是"指的是"八佾舞于庭"这件事,则下一句的"孰"字也应当指事而言,但经传中之"孰"一般指人,所以此处的"是"亦应指人,即指季孙氏为妥。忍:此"忍"有两解:一指"容忍",季孙氏的胡作非为,此事可容忍,何事不可容忍?一指"忍心"。季孙氏忍心僭用天子之礼,将何事不忍心去做?④关于这两句的"是"和"孰"的解释,钱穆曰:"是可忍指事,孰不可忍指人,有事则必及人,不当拘泥作分别。季孙氏忍于其君,则又谁何而不可忍?"⑤三家:指鲁大夫仲孙(即孟孙)、叔孙、季孙三家。⑥雍:《诗经·周颂》篇名,是周天子祭祀时所唱的乐曲。⑦彻:同"撤",祭毕而撤除祭礼之物。"彻"的繁体字为"徹"。⑧相:助祭者。⑨辟公:诸侯。⑩穆穆:端庄肃穆貌。

圣迹之图之礼堕三都·佚名

4 林放①问礼之本②。子曰："大哉问③！礼，与其奢也，宁俭；丧，与其易④也，宁戚⑤。"

5 子曰："夷狄⑥之有君⑦，不如⑧诸夏⑨之亡无⑩也。"

【注释】①林放：鲁人。一说他为孔子弟子，但《史记·仲尼弟子列传》并未记载有他的名字，也缺乏足够的材料证据，此说极少赞同者。②本：本义，要义。钱穆曰："礼之本，礼之所由起，即礼之本原所在。"③大哉问：这可是意义重大的问题啊。④易：治理，操办。一说通"仪"，遵礼仪。⑤戚：悲哀。⑥夷狄：古称东方居住的少数民族为夷，北方居住的少数民族为狄。台湾学者毛子水曰："这章的夷狄、诸夏，是就文化程度来分别的，并不是以种族或地域来分别的。"可备一说。⑦君：君道，即君臣之道。台湾学者毛子水曰："这章的'君'字，当指国家的政府言，并不是专指居于君位的人而言。"可备一说。⑧不如：不像。⑨诸夏：特指中原地带的诸侯国。⑩亡：通"无"。按学者钱逊的观点，孔子的这句话可作两种理解。一说夷狄即使有国君，也不如诸夏没有国君。另一说，夷狄尚且有国君，而诸夏就不像话了，僭越作乱，反而没有君臣上下之分。

八佾篇第三

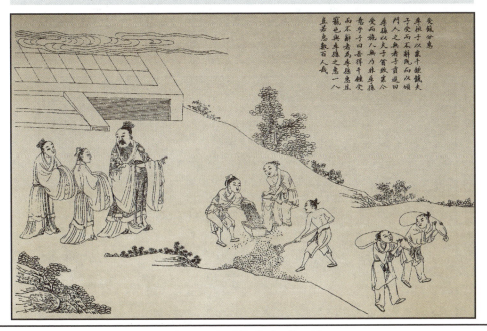

圣迹之图之受饩分惠·佚　名

6 季氏旅于泰山①。子谓冉有②曰:"女(汝)弗能救③与(欤)?"对曰:"不能。"子曰:"呜呼!曾谓泰山不如林放乎④?"

7 子曰:"君子无所争,必也射⑤乎!揖让⑥而升,下而饮。其争也君子。"

8 子夏问曰:"'巧笑倩兮⑦,美目

【注释】①旅于泰山:旅,祭山,即祭祀泰山。当时只有天子、诸侯才可祭泰山,故孔子认为季氏僭礼。②冉有:孔子学生冉求,字子有,当时为季氏宰。③救:阻止。④曾谓:难道说。曾:意思同"乃",诘问语气词。泰山不如林放:泰山之神受季氏僭越之旅祭,还不如林放知礼。⑤射:射礼(比射箭)。⑥揖让:相互作揖谦让。⑦巧笑:美好动人的笑意。多用以形容美人迷人的笑容。倩:笑时两颊现出酒窝貌。兮:句末语气助词(或曰感叹词),无实在意义,相当于"啊"。

孔子圣迹图之观乡人射·佚名

盼①兮,素以为绚②兮',何谓也?"
子曰:"绘事后素③。"
曰:"礼后乎④?"子曰:"起⑤予者
商也,始可与言《诗》已矣。"

9 子曰:"夏礼,吾能言之,杞⑥不足
征⑦也;殷礼,吾能言之,宋不足
征也;文献不足故也。足,则吾能
征之矣。"

【注释】①盼:眼睛黑白分明貌。这里形容眼睛左顾右盼时所表现出的迷人神态。②素:白色,也可说是白色的丝织物。绚:有文彩。钱穆曰:"比喻美女有巧笑之倩、美目之盼,复加以素粉之饰,将益增面容之绚丽。"这里三句诗,前两句见于《诗·卫风·硕人》,第三句不见于今日所传之《诗经》,一般认为系逸诗;有人认为它应属于先秦时鲁国人所传之《诗》。③绘事:绘画之事。后素:朱熹注:"谓先以粉地为质,而后施五采。"朱熹所说的是,古人绘画,先画五彩颜色,然后用粉白线条加以勾勒。还有学者提出,绘事后素指的是先有白底,然后画画。④礼后乎:是说礼也是后起的吗?钱穆曰:"礼乃后起而加以文饰。"毛子水曰:"子夏这个'礼'字,与其说是从'素'字悟出,宁可说是从'绚'字得来的。"⑤起:有两种解释。一为启发,指子夏所含启发了孔子;一指发挥、领悟,指子夏领悟到了孔子的言论之内涵外延。⑥杞:国名。⑦征:证明,验证。

圣迹图之适卫击磬　明·张　楷

10 子曰："禘①，自既灌②而往者③，吾不欲观之矣④。"

11 或问禘之说⑤。子曰："不知也。知其说者之于天下也，其如示⑥诸斯乎？"指其掌。

12 祭如在，祭神如神在。子曰："吾不与祭，如不祭。"

【注释】①禘：禘礼是一种只有天子才能举行的大祭之礼。当时天子每隔五年在祖庙中举行一次。祭祖时先祭始祖，第一次献酒后，再依尊卑亲疏的次序祭祀历代祖先。《礼记·祭统》曰："成王康王追念周公之所以勋劳者而欲尊鲁，故赐之重祭。"这是说，周公曾经为周王朝作出卓越贡献，极受器重，鲁国由于开国君主周公的特殊地位，所以也可以和天子一样举行此种盛大的祭典。②灌：本作祼，是祭祀中献酒给尸（代受祭者）闻香酒的仪式。应当是禘礼中第一次献酒。③而往者：以下的礼节仪式。④吾不欲观之矣：我就不想再看下去了。孔子不想再看的原因，他没点明，后人也难以断定。有学者认为，鲁文公时，在禘祭时把其父僖公排在闵公之前，僖公虽是闵公的兄长，但他是继承闵公上位国君的，因此把僖公放在闵公之前就是违礼的。孔子不再看下去，表现自己不满于祖宗神位排列失序。⑤说：理论。⑥示：通"置"，摆放。

孔子圣迹图之问礼老聃 明·佚名

13 王孙贾①问曰:"'与其媚于奥②,宁媚于灶③',何谓也?"子曰:"不然④,获罪于天⑤,无所祷也⑥。"

14 子曰:"周监[鉴]⑦于二代⑧,郁郁乎文哉⑨!吾从周。"

【注释】①王孙贾:卫灵公的大臣,掌握着卫国的权势。②媚:讨好,奉承。奥:室内西南隅为奥,奥祭在上古时被置于灶祭之上。《太平御览》五百廿九引郑注:"宗庙及五祀之神皆祭于奥,室西南隅之奥也。夫灶、老妇之祭。"此系一说法。另一说法,奥居室的西南角,古时为家中尊者所处的位置;灶是烹饪做饭之所。③灶:灶祭。一般认为,这两句话乃古代的谚语。其含义颇有歧义,但一般认为,奥为尊贵之地,享有高尚地位,但极少给人带来福祉;而灶乃解决"民以食为天"这样与人息息相关的事情,给人更多的福祉不言而喻。④不然:不是这样的。⑤获罪于天:得罪了天。天,有两种理解。一指理或正理;一说为管理"正理"的主宰者,这主宰者多数认定为君主。⑥无所祷:连个祷告的场所都没有。或解释为:到哪儿祷告都不管用。⑦监:通"鉴",借鉴。⑧二代:夏商两代。⑨郁郁乎文哉:多么丰富多彩呀!

圣迹之图之观器论道·佚 名

15 子入太庙①，每事问。或曰："孰谓鄹人②之子知礼乎？入太庙，每事问。"子闻之，曰："是礼也。"

16 子曰："射不主皮③，为④力不同科⑤，古之道也。"

17 子贡欲去⑥告朔之饩羊⑦。子曰："赐也！尔爱⑧其羊，我爱其礼。"

【注释】①太庙：古代开国之君太祖之庙。②鄹人：鄹，地名。孔子的父亲叔梁纥，曾作过鄹地的大夫，古人常把某地的大夫称为某人，故孔子的父亲叫鄹人。③主皮：皮指箭靶子，古代箭靶有布或皮做的，礼射以中不中为主，不以穿破靶为主。④为：因为。⑤同科：同等。⑥去：取消。⑦告朔之饩羊：每年秋冬之交，周天子把第二年的历书颁给诸侯，诸侯藏于祖庙，每逢初一便杀一只羊祭庙，然後回朝廷听政，祭庙叫告朔，听政叫视朔或听朔。据说到子贡当政的时代，鲁国国君不再亲临祖庙，告朔之礼已经废弃不行，但鲁国的职能部门仍然分配给祖庙用于告朔礼的牲羊，每到初一还杀一只羊供奉祖庙。子贡认为这是徒具形式的活动，大约想厉行节约，不要再杀羊而浪费。而对于"告朔之饩羊"的理解，还有一说法，说的是：告朔，是天子把一年十二月的朔政（历书）布告于诸侯。告朔的饩羊，是每个诸侯国招待天子颁历使臣预备的生羊。⑧爱：可惜。

孝经图之事君章　明·佚　名

与经典同行　与圣人为伍

18 子曰："事君尽礼①，人以为谄也②。"

19 定公③问："君使臣，臣事君，如之何？"孔子对曰："君使臣以礼，臣事君以忠。"

20 子曰："《关雎》④，乐而不淫⑤，哀

【注释】①尽礼：礼数周全。郑玄曰："尽礼，谓'下公门'、'式路马'之属。"②谄：谄谀，谄媚。孔子这番言论，大约看到当时鲁国朝政状况而发。当时三家称霸朝廷，公室微弱受挟持，所谓"识时务者"尽附三家，见孔子事鲁君尽礼，疑其谄媚。另一说法，是人类之中总少不了一些人，他们设法把事情做好，却又不喜欢别人把事情做好。孔子这番言论，是要人能够明辨是非而谨守善道。③定公：鲁君，名宋，昭公之弟。④关雎：《诗经》的第一篇。此诗写一君子追求淑女，思念不断，辗转反侧、寤寐思之的忧思；也写了女子对自己所爱的心上人的想念之情。当然也描写了结婚时钟鼓乐之、琴瑟友之的欢乐。按一般说法，孔子认为《关雎》诗表达感情含蓄委婉，"發乎情，止乎礼"，所以加以褒赞。而古乐中亦有《关雎》一章，有人认为这一章之《关雎》指的是《关雎》之音乐，并非指诗中之文字。⑤淫：过分到放荡的地步。

八佾篇第三

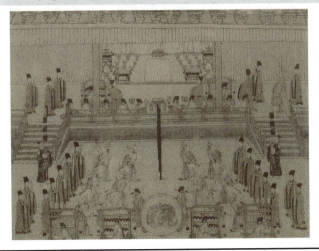

孝经图之感应章　宋·马和之

而不伤①。"

21 哀公问社②于宰我③。宰我对曰："夏后氏以松，殷人以柏，周人以栗，曰使民战栗。"子闻之，曰："成事④不说，遂事⑤不谏，既往⑥不咎⑦。"

【注释】①台湾学者毛子水曰："这章的话，当是就音乐为说的，我们自不能用诗篇的文字来讲。'不淫''不伤'，应指《关雎》的音乐不能使人哀乐中节的意思。可惜古代音乐乐谱不传，没有法子取证了。"钱穆曰："或解此章专指乐声言，不就诗辞言。然曰：'诗言志，歌永言，声依永，律和声。'则诗之言与词，仍其本。专指乐声，使人无所寻索，今不取。"②社：土地神叫社，土地神的牌位叫社主。③宰我：孔子学生，名予，字子我。④成事：做了的事。⑤遂事：已完成的事。⑥既往：已经过去的。⑦咎：责备，追究。

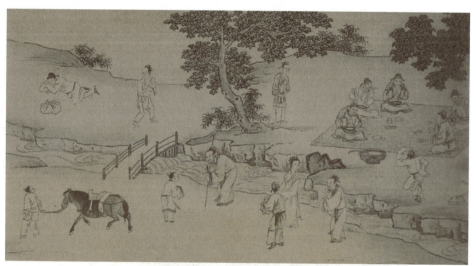

孝经图之三才章　明·佚 名

22

子曰："管仲①之器小②哉！"或曰："管仲俭乎？"曰："管氏有三归③，官事不摄④，焉得俭？""然则管仲知礼乎？"曰："邦君树塞门⑤，管氏亦树塞门。邦君为两君之好，有反坫⑥，管氏亦有反坫。管氏而⑦知礼，孰不知礼？"

【注释】①管仲：春秋时齐国人，名夷吾，齐桓公国相。他曾辅佐齐桓公改革内政，增强国力，使齐国一度称霸诸侯。②器小：器量狭小。③三归：取收市租。还有好几种观点：一、古代女子出嫁曰归，管仲娶三姓之女，叫三归；二、归通"馈"，管仲爱祭用三牲之献；三、三得采邑；四、藏钱币的府库；五、管仲有三处府第可归。钱穆、钱逊父子认为第五说较妥。④摄：兼职。官事不摄，指家臣不兼职，意思是家臣很多。⑤树塞门：树立照壁一类的东西以挡门内外视线。⑥反坫：放置器物的土台。古代诸侯与别国诸侯友好往来，相互酬酢时放置空酒杯于土台上。⑦而：假设连词，假若。

圣迹图之学琴师襄·佚名

23 子语①鲁大（太）师②乐，曰："乐，其可知也。始作，翕如也③；从（纵）之④，纯如也，皦⑥如也，绎⑦如也，以成⑧。"

24 仪封人⑨请见（现），曰："君子之至于斯也，吾未尝不得见也。"从者见（现）之。出曰："二三子⑩何患于丧⑪乎？天下之无道也久矣⑫，

【注释】①语：告诉。②大师：乐官之长。大通"太"。③翕如：形容声音一齐奏响。翕，合，一解为盛。如：表示状态。④从之：从，通"纵"，接下去。⑤纯：和也。⑥皦：明也。⑦绎：相继不绝也。⑧成：乐之终也。⑨仪封人：仪，地名；封人，驻守边疆的官。⑩二三子：即你们。⑪患：忧虑，忧愁。丧：失掉官位。也有人解释为境遇窘迫。更有解释为道德之丧亡。⑫无道：指国家政治纷乱，社会黑暗。

圣迹之图之仪封仰圣·佚 名

天将以夫子为木铎①。"

25 子谓《韶》②："尽美矣，又尽善也。"谓《武》③："尽美矣④，未尽善也⑤。"

26 子曰："居上不宽⑥，为礼不敬⑦，临丧不哀⑧，吾何以观之哉⑨？"

【注释】①木铎：铜质木舌的铃子，古代施政教时振铃以召众人。郑玄曰："木铎，施政教时所振者。言天将命夫子使制作法度以号令天下也。"②韶：舜时的乐曲名，歌颂世道升平的乐曲。③武：周武王时乐曲名。④尽美：极其美好。一般指乐曲的音调、舞蹈形式而言。⑤善：指乐舞中所涵蕴的意义而言，或用指其中的思想内容而言。一般而论，孔子对这两种乐曲的不同评价，体现了他对于舜和武王取天下方式（和平禅让或武力征战）的不同态度。《论语集解》引孔安国小解："《韶》，舜时乐名，舜以圣德受禅，故尽善；《武》，武王乐也，武王以征伐取天下，故未尽善。"⑥上：上位，高位。一般指统治阶级，或把持政权者。宽：宽厚地对待人或事。⑦为礼：关于礼仪方面的言语行为。⑧临丧：参加丧礼。⑨吾何以观之哉：这样的人，我还能怎么观察呢？郑玄曰："居上不宽，则下无所容；礼主于敬，丧主于哀也。"

八佾篇第三

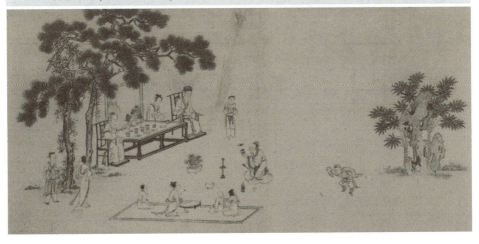

孝经图之孝行章　明·佚　名

里仁篇第四

孔子燕居像

与经典同行　与圣人为伍

❶ 子曰:"里仁为美①。择不处②仁,焉得知[智]③?"

❷ 子曰:"不仁者,不可以久处约④,不可以长处乐。仁者安仁,知[智]者利⑤仁。"

❸ 子曰:"唯仁者,能好人⑥,能恶人⑦。"

【注释】①里:居住。里,这里有选择好地方以安家落户的意思。仁:仁者。或曰有仁风的地方。孔子认为,仁是个人道德修养的最高境界。②处:居住。③知:同"智",聪明。④约:贫困。⑤利:重视。⑥好:喜爱。⑦恶:厌恶,讨厌。台湾学者毛子水曰:"因为仁者的善恶标准能够合于正道,所以他的好恶亦能合于正道。"

里仁篇第四

孟母择邻图·杨柳青木版年画

4 子曰："苟①志于仁矣②，无恶也③。"

5 子曰："富与贵，是人之所欲也④，不以其道，得之不处也⑤。贫与贱，是人之所恶也，不以其道，得之不去也⑥。君子去仁，恶乎⑦成名？君子无终食之间⑧违⑨仁，造次⑩必于是⑪，颠沛必于是⑫。"

【注释】①苟：假如。②志：立下决心去践行。③恶：一般指善恶之恶，或者说不好的方面。④所欲：所想获取的东西。⑤不以其道，得之不处也：用不正当的手段，得来的富贵则不接受。有的人认为应是"不以其道得之，不处也"。⑥不以其道，得之不去也：没有正当的手段，则不能摆脱贫困。也作"不以其道得之，不去也"。⑦恶乎：同"乌乎"，何处。⑧终食之间：在完成吃饭的（短）时间内。⑨违：离开。⑩造次：匆忙；急遽。⑪于是：不违仁，坚守仁。⑫颠沛：指在艰难困顿的环境里。或曰，是个人困苦、社会动乱。

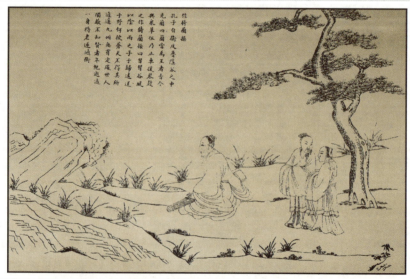

圣迹之图之作猗兰操·佚名

6 子曰："我未见好仁者，恶不仁者①。好仁者，无以尚②之；恶不仁者，其为仁矣③，不使不仁者加乎其身④。有能一日用其力于仁矣乎？我未见力不足者。盖⑤有之矣⑥，我未之见也⑦。"

7 子曰："人之过也⑧，各于其党⑨。观过，斯知仁⑩矣。"

【注释】①"我未见"两句：我没见过如此喜好仁的人，以及这样厌恶不仁的人。②尚：通"上"。超过。③矣：同也，表停顿。④加乎其身：加在他身上。或解释为：靠近他的身边。⑤盖：大概。⑥有之：可解释作两方面：一是指有肯用力而力不足者，是联系上句"未见力不足者"来理解；一是指有肯一日用力于仁者，是联系上一句"有能一日用其力于仁矣乎"来理解。⑦未之见："未见之"的倒装。⑧过：过失，过错。⑨党：类别。孔安国曰："党，类也。"皇疏引殷仲堪曰："言人之过失，各由于性类不同。直者以改邪为义，失在于寡恕；仁者以恻隐为诚，过在于容非。是以与仁同过，其仁可知。观过之义，将在于斯者也。"⑩仁：通"人"。

圣迹之图之论穆公霸·佚名

❽ 子曰："朝闻道,夕死可矣!"

❾ 子曰："士①志于道,而耻恶衣恶食②者,未足与议也!"

❿ 子曰："君子之于天下也,无适(敵)③也,无莫(慕)④也,义之与比⑤。"

⓫ 子曰："君子怀德,小人怀土⑥。君子怀刑⑦,小人怀惠⑧。"

【注释】①士:读书人。②恶衣恶食:穿不好的衣服,吃不好的饭。③适:通"敵","敵"是"敌"的繁体字。④莫:通"慕",贪慕。对于"无适""无莫",有几种不同理解:一、厚薄亲疏,无适无莫就是不分亲疏厚薄。二、敌对与爱慕,无适无莫就是没有敌对,也没有爱慕。三、适,专主;莫,不肯。无适无莫就是无可无不可的意思。⑤义:义,其中一个解释为合宜。凡是适宜的言行,都是符合于义的。因而对于"义"是仁者见仁智者见智。对孔子而言,义与仁、礼是互不可分的,凡符合仁、礼要求的,都应是义。比:挨着,靠拢。也有人解释为"听从"。⑥怀:怀念,思念。有人解释作安于。土:乡土。⑦刑:刑法,法制。指事情是否合法。⑧惠:实惠,恩惠。指的是对自身是否存在利益。

孔子圣迹图之先圣小像　明·佚　名

与经典同行　与圣人为伍

12 子曰："放①于利而行，多怨。"

13 子曰："能以礼让为国②乎？何有③？不能以礼让为国，如礼何？"

14 子曰："不患无位④，患所以立⑤。不患莫己知⑥，求为可知⑦也。"

【注释】①放：通"仿"，依据。②为国：治理国家。③何有：春秋时的常用语，即"何难之有"，意即不难。④位：职位。钱穆曰："古人议事有朝会。有官守者，遇朝会则各立于其位。无才德，将何以立于其位？有知己之才德者，将可援之入仕。患无位，则患莫己知。"⑤立：立身的才学。一说通"位"，官职。⑥莫己知：倒装句，正常语序为"莫知己"。⑦求为可知：即先求所以立于其位之才德。求，致力于。

里仁篇第四

孝经图之谏诤章　宋·马和之

⑮ 子曰:"参乎!吾道一以贯①之。"曾子曰:"唯②。"子出,门人问曰③:"何谓也?"曾子曰:"夫子之道,忠恕④而已⑤矣!"

⑯ 子曰:"君子喻⑥于义,小人喻于利⑦。"

【注释】①贯:贯穿。道:本义为道路,引申为道术、道理。②唯:答应用语。③门人:指孔子之门人,当时一同侍候孔子,闻其言,不明所指,等到孔子出去时,问于曾子。而有人认为:孔子出,当是孔子往曾子处,曾子答而孔子出户去,门人指曾子弟子。④忠恕:尽己为人谓之忠,推己量人谓之恕。⑤而已:罢了。⑥喻:明白,懂得。⑦喻于利:明白的是对于自己的利益。或者说,对自己有利益与否,对此乐而不疲。

孝经图之纪孝行章 宋·无款

与经典同行　与圣人为伍

17 子曰："见贤思齐①焉②,见不贤而内③自省也④。"

18 子曰："事父母几⑤谏,见志不从⑥,又敬不违⑦,劳⑧而不怨。"

19 子曰："父母在⑨,不远游⑩。游必有方⑪。"

【注释】①齐：看齐。②焉：他,指贤。③内：内心。④省：反省,省察。郑玄曰："省,察也。察己得无然也。"⑤几：轻微,婉转。⑥见志不从：见到父母的意向是不听从。或者说,自己的意见表达了,但是父母不听从。⑦违：冒犯。⑧劳：忧愁。⑨在：在世,健在。⑩游：游学、游宦,到外地去求学或做官。⑪有方：方是方位,去处,有方即让父母知道在哪里。

里仁篇第四

孝经图之庶人章　宋·马和之

20 子曰："三年①无改于父之道,可谓孝矣②。"

21 子曰："父母之年③,不可不知也④。一则以喜,一则以惧⑤。"

22 子曰："古者言之不出⑥,耻⑦躬⑧之不逮⑨也。"

【注释】①三年:指丧期,古时丧期为三年。②这一句话已经出现在《学而篇》,一般认为是《学而篇》的脱简,或者说重出。钱穆曰:"此章重出,已见《学而篇》。当是弟子各记孔子之言,而详略不同。盖《学而篇》一章乃言观人之法,此章言孝子之行,而此章前后皆论事父母之道,故复出。"③年:年纪,年龄。④知:此指记在心中。⑤郑玄曰:"见其寿考则喜,见其衰老则惧。"⑥言之不出:言语不随便脱口而出。包咸曰:"古人之言不妄出口,为身行之将不及。"⑦耻:以……耻。⑧躬:自身。⑨不逮:赶不上,不及。

孔子圣迹图之子西沮封　明·佚　名

与经典同行　与圣人为伍

㉓ 子曰："以约①失之者鲜矣②！"

㉔ 子曰："君子欲讷③于言而敏于行④。"

㉕ 子曰："德不孤⑤，必有邻⑥。"

㉖ 子游曰："事君数⑦，斯辱矣⑧；朋友数，斯疏矣⑨。"

【注释】①约：贫困，约束。也有人解释为俭约，生活俭朴。②失：失误，过错。鲜：少有。③讷：语言迟钝。④敏：敏捷。行：行动。钱穆曰："敏讷虽若天资，亦由习。轻言矫之以讷，行缓励之以敏，此亦变化气质，君子成德之方。"⑤德：一般解释作有德行的人。钱穆曰："德字有两说。一指修德言。人不能独修成德，必求师友夹辅。一指有德言。有德之人纵处衰乱之世，亦不孤立，必有同声相应、同气相求之邻，如孔子之有七十二弟子。"⑥邻：亲近。⑦数：屡屡，引申为烦琐。⑧斯辱矣：就会招来污辱了。⑨疏：遭到疏远。

里仁篇第四

孝经图之事君章　宋·马和之

公冶长篇第五

孔子为鲁司寇像

与经典同行　与圣人为伍

1 子谓公冶长①："可妻②也，虽在缧绁③之中，非其罪也④。"以其子⑤妻之。

2 子谓南容⑥："邦有道⑦，不废；邦无道，免于刑戮。"以其兄之子⑧妻之。

【注释】①公冶长：孔子学生。《史记·仲尼弟子列传》："公冶长，齐人，字子长。"一说为字子芝。司马贞《索隐》引《家语》说他是鲁国人。②妻：不读 qī。动词，(以女儿)为其妻。③缧绁：缧指黑绳子，绁是捆绑，古代狱中以黑绳子捆绑犯人，缧绁借指狱中。④非其罪：并非他本身犯了什么罪过。学者毛子水曰："孔子这里只说'公冶长可妻'，而没有说出可妻的理由。缧绁两句，是说公冶长实在没有犯罪，并不是可妻的理由。"钱穆曰："缧，黑色大索。绁，牵系义。古狱中用黑索系罪人。公冶长曾因事入狱，实非其罪。"⑤子：子女，这里指女儿。应当是说孔子把自己的女儿嫁给公冶长。⑥南容：孔子弟子，姓南宫。名绦，又名适。字子容，谥敬叔。孟懿子之兄。清代学者梁玉绳曰："《论语》作适，又称南容；《檀弓》作南宫绦；《家语》作南宫韬。盖南容有二名：括与适、绦与韬，字之通也。"⑦有道：一般认为是指国家政治清明，天下太平。⑧兄之子：指孔子的兄长孟皮之女儿。

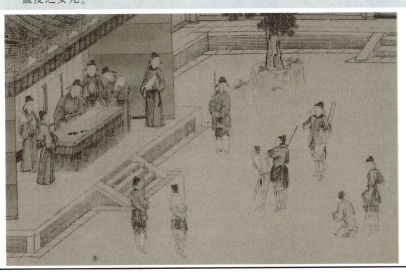

孝经图之五刑章　宋·马和之

3 子谓子贱①："君子哉若②人！鲁无君子者，斯焉取斯？"

4 子贡问曰："赐也何如？"子曰："女（汝），器也。"曰："何器也？"曰："瑚琏③也。"

5 或曰："雍④也仁而不佞⑤。"子曰："焉用佞？御人⑥以口给⑦，屡憎于人⑧。不知其仁⑨，焉用佞⑩？"

【注释】①子贱：孔子学生，宓不齐，字子贱。②若：代词，这。③瑚琏：宗庙盛黍稷之器，饰以玉，贵重而华美，夏曰瑚，商曰琏，周曰簠。④雍：孔子学生冉雍，字仲弓。鲁国人，孔子德行科的高材生。⑤佞：能言善辩。⑥御人：同人争论。⑦口给：给，足也，口给即善辩。⑧屡：屡次，常常。憎于人：招致人的憎恶。⑨不知其仁：此句有两种理解：一，指佞人，佞人遭人憎恨，因而不知其（佞人）有仁德；二，指冉雍，不知冉雍是否仁者。毛子水曰："孔子所要说的是：雍用不到口才。"⑩焉用佞：何必要用口才呢。

孝经图之三才章　宋·马和之

6 子使漆雕开①仕。对曰："吾斯之未能信②。"子说[悦]。

7 子曰："道不行，乘桴③浮于海。从④我者其由与[欤]？"子路闻之喜。子曰："由也，好勇过我⑤，无所取材[哉]⑥。"

8 孟武伯问："子路仁乎⑦？"子曰："不知也⑧。"又问⑨。子曰："由也，

【注释】①漆雕开：孔子学生，姓漆雕，名开，字子开。②吾斯之未能信：即"吾未能信斯"的倒装。③桴：小木筏。④从：跟随。⑤好勇过我：对于勇的喜好超过了我。或者说，比我勇敢。⑥材：通"哉"。一说通"裁"。还有一种解释说是编桴用的材料。孔子并不真想乘桴出海，见子路没理解他的意思，所以这么说。⑦《史记·仲尼弟子列传》作"季康子问：'仲由仁乎？'"⑧不知也：不知道啊。钱穆曰："仁道至大，仁德至高，孔子不以轻许人，故说不知。犹上章雍也不知其仁之义。"⑨又问：这里应当是孟武伯又问，子路是怎么样的一种人。

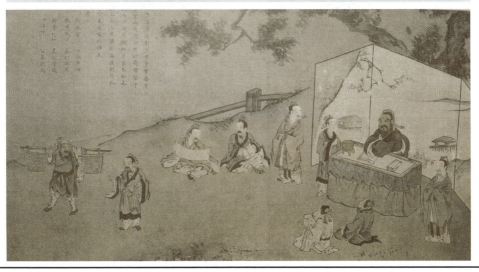

圣迹之图之适卫击磬　明·佚　名

读经诵典　受益匪浅

千乘之国①，可使治其赋②也，不知其仁也。"

"求也何如？"子曰："求也，千室之邑③，百乘之家④，可使为之宰也，不知其仁也。"

"赤⑤也何如？"子曰：'赤也，束带立于朝，可使与宾客言也，不知其仁也。"

【注释】①千乘之国：拥有一千辆兵车的国家。春秋时期，一般作为中等诸侯国看待。②赋：兵赋，古代的兵役制度。郑玄曰："赋，军赋。"《左传·隐公四年》传服虔注："赋，兵也。以田赋出兵，故谓之赋。"朱熹《论语集注》曰："赋，兵也。古者以田赋出兵，故谓兵为赋。"③邑：庶民聚居之所。④家：古代卿大夫的封地叫采邑，即家。⑤赤：公西赤，孔子学生，字子华。

宰予像·《圣庙祀典图考》

申枨像·《圣庙祀典图考》

与经典同行　与圣人为伍

9 子谓子贡曰："女(汝)与回也孰愈①？"对曰："赐也何敢望回②！回也闻一以知十③，赐也闻一以知二④。"子曰："弗如也，吾与女(汝)⑤，弗如也。"

10 宰予昼寝⑥。子曰："朽木不可雕也，粪土之墙不可杇(圬)⑦也。于予与(欤)⑧何诛⑨？"子曰⑩："始，吾于人

【注释】①愈：胜过。这里是说，两人对比，谁更胜一筹；或者说，谁显得更强。②望：比量，较一量。何晏曰："望，谓比视。"当然也可以说这里有"望其项背"之义。③闻一以知十：成语"闻一知十"的出处。指听到一件事，可以推知十件事。多用以形容聪明而善于类推。钱穆曰："十者数之全。颜渊闻其一节，能推其全体。"④闻一以知二：与"闻一以知十"相对，固然是指相形之下显得逊色，由一件事只能推及两件事。⑤吾与女：我赞同你的话，与在这里是同意之意。⑥昼寝：白天睡觉（有可能是孔子讲学时打盹儿）。⑦杇：同"圬"，泥工把墙抹平叫杇。⑧与：通"欤"。⑨何诛：责备什么呢？⑩子曰：以下的话是孔子另外时间发的感叹。

孔子圣迹图之宋人伐树　明·佚　名

也，听其言而信其行；今，吾于人也，听其言而观其行。于予与改是。"

11 子曰："吾未见刚者①。"或对曰："申枨②。"子曰："枨也欲③，焉得刚？"

12 子贡曰："我不欲人之加④诸我也⑤，吾亦欲无加诸人⑥。"子曰："赐也，非尔所及也⑦！"

【注释】①刚：刚强。郑玄曰："刚，谓强，志不屈挠。"钱穆曰："刚，刚断、刚烈义。人之德性，以刚为难能而可贵，故孔子叹其未见。"②申枨：鲁国人。申党，孔子学生，鲁国人。《史记·仲尼弟子列传》："申党，字周。"汉文翁《礼殿图》有申党。後汉《王政碑》："无申棠之欲。"台湾学者毛子水曰："党、棠、枨，都由于音近而通用。亦有作'堂'字的。"③枨也欲：申枨这个人有过多的欲望。④加：驾凌，凌辱。⑤诸："之于"的合音。之，指凌驾之物。⑥朱熹《论语集注》："子贡言：我所不欲人加于我之事，我亦不欲以加之于人。"加，凌驾。⑦及：做得到。

圣迹之图之职司委吏　明·佚名

13 子贡曰："夫子之文章①，可得而闻也；夫子之言性②与天道③，不可得而闻也。"

14 子路有闻④，未之能行⑤，唯恐有⑥闻。

15 子贡问曰："孔文子⑦何以谓之'文'也⑧？"子曰："敏⑨而好学，不耻下问⑩，是以谓之'文'也。"

【注释】①文章：指孔子有关古代文献的学问。②性：人的本性。③天道：指自然、社会吉凶祸福关系。④有闻：对某一道理有所闻知。⑤行：践行，实行。学了理论在于实行。⑥有：通"又"。⑦孔文子：卫国大夫，孔圉。也有写作孔御、孔圄。"文"是其谥号。⑧按钱穆的说法，古书（如《春秋左传》）记载孔文子的个人德行有污点，子贡对他何以得谥为文不解，故问。⑨敏：理解问题快。⑩不耻下问：不以向身份较低微或是学问较自己浅陋的人求教为羞耻。

圣迹之图之琴吟盟坛·佚 名

16 子谓子产①："有君子之道四焉：其行己也恭，其事上也敬，其养民也惠，其使民也义。"

17 子曰："晏平仲②善与人交③，久而敬之④。"

18 子曰："臧文仲⑤居蔡⑥，山节藻梲⑦，何如其知⑧也！"

【注释】①子产：公孙侨，郑穆公之孙，郑国大夫。②晏平仲：名婴，齐国的贤大夫。与孔子是同时代人。③交：交友。④久而敬之："之"有两种解释：一，指晏平仲自己，即说相交久了，人们越发对他恭敬。二，指晏平仲所交的人，是说晏平仲与人相交虽久，仍能对人恭敬不改。⑤臧文仲：鲁国的大夫臧孙辰。曾在鲁庄公、闵公、僖公、文公四朝任职，与孔子同时代人。⑥居蔡：居是使居住，蔡是大乌龟。据说蔡这个地方产乌龟，因而把大乌龟叫蔡。⑦山节藻梲：山节指像山一样的斗栱，藻梲指画着藻草的梁上短柱。一般认为这是天子宗庙专享的做法，臧文仲僭越礼法了。⑧知：同"智"。

圣迹之图之俎豆礼容　明·佚 名

与经典同行　与圣人为伍

19 子张问曰："令尹子文①，三仕②为令尹，无喜色；三已之③，无愠色④。旧令尹之政，必以告新令尹。何如？"子曰："忠矣⑤。"曰："仁矣乎？"曰："未知⑥，焉得仁？"

"崔子⑦弑⑧齐君，陈文子⑨有马十乘，弃而违之⑩。至于他邦，则曰：'犹吾大夫崔子也。'违之。之一

【注释】①令尹子文：楚国的宰相叫令尹，子文即斗榖於菟，楚国著名贤相。楚国贵族斗伯比的私生子，相传幼小时遭遗弃，得到老虎哺乳，楚人称虎为於菟，故名。②三仕：数次做官。据史载，子文曾在公元前664年－公元前637年期间担任楚国令尹，辅佐成王（公元前671年－公元前626年在位）称霸。钱穆曰："三当令尹之官，《庄子》《荀子》《吕氏春秋》诸书，皆以其人为孙叔敖，恐是传闻之讹。"③三已之：数次被罢免。已，罢免，罢黜。④愠：埋怨，不高兴。⑤忠矣：可谓忠诚啊。钱穆曰："子文三为令尹，三去职，人不见其喜、愠，是其不以私人得失萦心。并以旧政告新尹，宜可谓忠。"⑥知：毛子水曰："'知'，音义同'智'。"钱穆曰："此'未知'有两解。一说，知读为智。子文举子玉为令尹，使楚败于晋，未得为智。然未得为智，不当曰未智。且《论语》未言子文举子玉事，不当逆揣为说。一说，子文之可知者仅其忠，其他未能详知，不得遽许以仁。"⑦崔子：齐国大夫，崔杼。⑧弑：古代在下的人杀了在上的人叫弑。⑨陈文子：齐国大夫，名须无。⑩违之：离开。

圣迹图之子畏于匡　明·张楷

公冶长篇第五

邦,则又曰:'犹吾大夫崔子也。'违之。何如?"子曰:"清矣①。"曰:"仁矣乎?"曰:"未知,焉得仁?"

20 季文子②三思③而後行。子闻之,曰:"再④,斯⑤可矣!"

21 子曰:"甯武子⑥,邦有道则知[智],邦无道则愚⑦。其知[智]可及也,其愚不可及也。"

【注释】①清:清白。或曰洁身自好。②季文子:鲁大夫季孙行父。"文"是他的谥号。"子"乃对有学问有地位的男子的尊称用字,故全称季文子。他是鲁桓公少子季友的孙子,曾在宣公、成公、襄公三代担任鲁国的执政。③三思:多次多方面考虑。④再:两次,指思考。或者说,重复考虑一次。⑤斯:就。⑥甯武子:卫大夫,名俞。"武"是其谥号。⑦有道无道,指治乱安危而言。愚:并非真愚,而是隐藏自己的智慧,装作愚笨的样子,是大智若愚。

圣迹图之在陈绝粮　明·张　楷

22 子在陈①，曰："归与欤！归与欤！吾党之小子狂简②，斐然成章，不知所以裁之！"

23 子曰："伯夷、叔齐③，不念旧恶④，怨是用希稀⑤。"

24 子曰："孰谓微生高⑥直⑦？或乞醯⑧焉，乞诸⑨其邻而与之⑩。"

【注释】①陈：国名。②狂简：志向远大但学识很浅陋。③伯夷、叔齐：孤竹君的两个儿子，互相让位逃至周文王处，周武王伐纣一统天下，他们不食周粮，采薇而食，饿死于首阳山。④恶：仇恨。⑤怨是用希：怨恨因此很少。希同"稀"。⑥微生高：鲁国人。微生是姓，高是名，以耿直著称于时。⑦直：正直。⑧醯：醋。⑨诸："之于"的合音。⑩钱穆曰："人来乞醯，有则与之，无则辞之。今微生不直告以无，又转乞诸邻而与之，此似曲意徇物。微生素有直名，孔子从此微小处断其非为直人。"

采薇图　南宋·李　唐

25 子曰："巧言、令色、足恭①，左丘明②耻之，丘亦耻之。匿怨而友其人③，左丘明耻之，丘亦耻之。"

26 颜渊、季路侍④。子曰："盍⑤各言尔志⑥？"子路曰："愿车马衣轻裘⑦，与朋友共⑧，敝⑨之而无憾⑩。"

【注释】①足恭：足，过分。恭，谦恭。②左丘明：鲁国人，春秋时史学家。③匿怨：把怨恨隐藏在心头。友其人：向他人表面上示好。④侍：侍从。一般指下人、位卑者陪从或伺候尊长、主人。钱逊曰："单用侍字，是站立两旁；坐着叫侍坐。"按此，颜渊、季路此时是恭敬地站立着伺候孔子。⑤盍：何不。⑥志：志向，抱负。⑦衣轻裘：清代阮元校勘《论语》时认为"轻"为衍文，涉本书《雍也篇》："衣轻裘"而误衍"轻"字。清刘宝楠《论语正义》曰："凡裘服，毛在外，故有加放以袭之。衣裘犹衣裳。"⑧共：共同享用。⑨敝：破败。⑩钱穆曰："或于'共'字断句，下'敝之而无憾'五字为句。然曰'愿与朋友共'，又曰'敝之而无憾'，敝之似专指朋友，虽曰无憾，其意若有憾矣。不如作共敝之为句，语意轻显。车马衣裘，常所服用，物虽微，易轻彼我，子路心体廓然，较之与朋友通财，更进一层。"

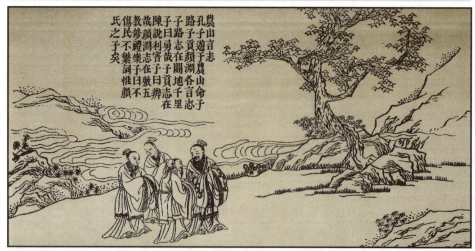

圣迹图之农山言志·佚　名

与经典同行　与圣人为伍

颜渊曰："愿无伐①善，无施劳②。"子路曰："愿闻子之志！"子曰："老者安之，朋友信之，少者怀③之。"

27　子曰："已矣乎④！吾未见能见其过而内自讼⑤者也。"

28　子曰："十室之邑，必有忠信如丘者焉，不如丘之好学也！"

【注释】①伐：夸耀。②施劳：把劳苦的事加到别人身上。③怀：归。一说安抚。④已矣乎：完了。矣，乎，叹词。⑤讼：责备。

孔子圣绩图之学琴师襄图　明·仇英

公冶长篇第五

雍也篇第六

孔子讲学图

与经典同行　与圣人为伍

1 子曰：“雍也可使南面①。"

2 仲弓问子桑伯子②。子曰：“可也，简③。"仲弓曰：“居敬而行简④，以临其民⑤，不亦可乎？居简而行简，无乃大(太)简乎？"子曰：“雍之言然⑥。"

【注释】①南面：朱熹注："南面者，人君听治之位。言仲弓宽洪简重，有人君之度也。"人君，指天子或诸侯。这里的"使南面"指的就是让他治理国家。②子桑伯子：鲁人，生平现无可考。有的人认为是《庄子》所称子桑户，也有人认为是秦穆公时的子桑。③可也，简：此人为人处世还可以，他行事简要而不烦琐。行事，一般指推行政事。钱穆曰："简，不烦义。子桑伯子能简，故曰可，亦指可使南面。可者，仅可而未尽之义。"④居敬而行简：立身恭敬庄重而行事简约。行简，一般指推行政事简而不烦。钱穆曰："上不烦则民不扰，如反初除奉苛法，与民休息，遂至平安，故治道贵简。然须居心敬，始有一段精神贯摄。"⑤以临其民：《说苑·修文篇》引此句作"道其民"，"道"在此意思是引导、教导。⑥然：对。

孔子圣绩图之为委史图　明·仇英

雍也篇第六

3 哀公问:"弟子孰为好学?"孔子对曰:"有颜回者好学,不迁怒,不贰过①。不幸短命死矣②!今也则亡[无]③,未闻好学者也。"

4 子华使于齐,冉子为其母请粟。子曰:"与之釜④。"请益。曰:"与之庾⑤。"冉子与之粟五秉⑥。子曰:"赤之适齐也,乘肥马,衣轻裘。吾闻之也,君子周[赒]⑦急不继富。"

【注释】①不迁怒,不贰过:迁是转移,贰是重复一次,即不将怒气转移到别人身上,不重犯同样的错误。②颜回:据熊赐履《学统》,生于鲁昭公二十九年(公元前521年),卒于鲁哀公十四年(公元前481年),享年40岁。③亡:通"无",指没有这样的人了。钱穆曰:"亡同'无',两句意相重复,盖深惜颜子之死,又叹好学之难得。"④釜:古代量器名,六斗四升为一釜。⑤庾:古代量器名,两斗四升为一庾。⑥秉:古代量器名,十六斛为一秉,一斛为十斗。⑦周:通"赒",资助。

圣蹟图之放鲰知德·佚名

与经典同行　与圣人为伍

5 原思①为之宰，与之粟九百②，辞③。子曰："毋④！以与尔邻里乡党⑤乎！"

6 子谓仲弓，曰："犁牛⑥之子骍且角⑦，虽欲勿用，山川其⑧舍诸？"

7 子曰："回也，其心三月不违仁⑨；其馀则日月至焉而已矣⑩。"

【注释】①原思：孔子弟子，名宪。孔子为鲁司寇时，原思为宰。②与之粟：指孔子给原思粟米作为俸禄。九百：九百斛。上士当时的俸禄约为九百斛。钱穆曰："古制大夫家宰，用上士为之，原思所得，盖略当一上士之禄。"③辞：推辞而不接受。④毋：别这样。⑤邻里乡党：古代五家为邻，二十五家为里，一万二千五百家为乡，五百家为党。⑥犁牛：杂色牛。⑦骍：赤色马，也指赤色牛。周人尚赤，牲用骍。角：两角长得周正，适合用来祭祀。⑧其：即岂。⑨三月：三，是不确定的约数，三月意思是好多个月，指时间长久。⑩其馀：其他的人。日月至焉：指偶尔达到仁的要求。

雍也篇第六

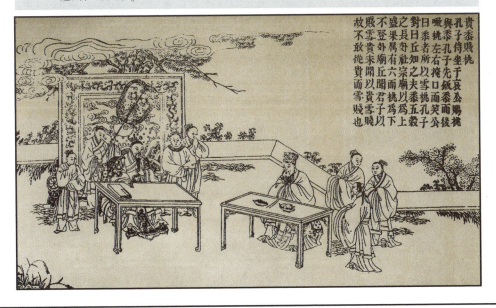

圣迹图之贵黍贱桃·佚　名

8 季康子问："仲由可使从政①也与欤？"子曰："由也果②，于从政乎何有③？"曰："赐也可使从政也与欤？"曰："赐也达④，于从政乎何有？"曰："求也可使从政也与欤？"曰："求也艺⑤，于从政乎何有？"

9 季氏使闵子骞⑥为费鄪⑦宰⑧。闵子

【注释】①从政：从事政治活动，管理政事。②果：果断。③何有：有何不可，何难之有。④达：通达。朱熹《论语集注》曰："达，通事理。"⑤艺：有才能，多才多艺。朱熹《论语集注》曰："艺，多才能。"这里可以理解为对各种事务都通晓。⑥季氏：具体季某是何人，如今尚无从考证。钱穆曰："此季氏不知是桓子，抑康子。"闵子骞：孔子弟子，名损，字子骞。《史记·仲尼弟子列传》："闵损，字子骞；少孔子十五岁。"世人认为他是以德行著称。⑦费：季氏的辖邑。其地当今山东省费县西北。费县，春秋时期称鄪邑，战国时期曾是一小国。《左传》僖公元年传："公赐季友汶阳之田及费。"《史记·鲁周公世家》："釐公元年，以汶阳鄪封季友。"司马贞《索隐》："鄪，或作费。"⑧宰：这里指的是春秋时期卿大夫的采邑的长官。据史载，季氏不臣服于鲁，而其邑宰也是时常背叛季氏，所以季氏想让闵子骞这样的得力人物管理费邑。

圣蹟图之题季札墓·佚名

骞曰:"善为我辞焉①!如有复我者②,则吾必在汶③上矣。"

10 伯牛④有疾,子问之,自牖⑤执其手,曰:"亡之,命矣夫!斯人也而有斯疾也!斯人也而有斯疾也!"

11 子曰:"贤哉,回也!一箪⑥食,一瓢饮,在陋巷,人不堪⑦其忧,回也不改其乐。贤哉,回也!"

【注释】①善:副词。好好地。辞:辞谢。②复我:再来找我。③汶:水名。据史料,有两条汶水。一般认为,闵子骞所言的,当是源出泰山郡莱芜原山而入济的那条汶水,它处于齐国的南边鲁国的北边。④伯牛:孔子弟子,姓冉,名耕,字伯牛。⑤牖:南面的窗户。⑥箪:竹器,用来盛饭。⑦不堪:忍受不了。

孔子圣绩图之为乘田吏图
明·仇英

12 冉求曰："非不说(悦)子之道①,力不足也②。"子曰："力不足者,中道而废③。今女(汝)画④。"

13 子谓子夏曰："女(汝)为君子儒,无为小人儒⑤。"

14 子游为武城⑥宰。子曰："女(汝)得人焉耳乎?"曰："有澹台灭明⑦者,行不由径⑧,非公事,未尝至于偃之室也。"

【注释】①子:古时用以敬称有修养有学问的男性。这里指孔子。道:所讲的道理。②力不足:能力不足够。可说是力不从心或心有馀而力不足。③中道而废:中道,中途。废,停止。④画:画地为牢。⑤儒:《说文》:"儒,术士也。"在孔子时代,儒本属一种行业,後成为学派之称。行业就有人品高下之分、君子小人之分。後世无君子小人之分,凡为儒者必为君子。此句儒指行业。《周礼·太宰》:"儒以道得民。"一般认为,儒是有道艺以教民者。⑥武城:鲁国邑名。⑦澹台灭明:姓澹台,名灭明,字子羽。⑧径:路之小而捷者。

圣蹟图之杏坛礼乐 ·佚名

与经典同行　与圣人为伍

15 子曰："孟之反①不伐②，奔而殿③，将入门④，策其马⑤，曰：'非敢后也，马不进也！'"

16 子曰："不有祝⑥鮀⑦之佞，而有宋朝⑧之美，难乎免于今之世矣。"

17 子曰："谁能出不由户⑨？何莫由斯道也？"

【注释】①孟之反：鲁大夫，名侧。《左传》哀公十一年传："师及齐师战于郊。右帅奔，齐人从之。孟之侧后入，以为殿；抽矢策其马，曰：'马不进也！'"孔安国曰："鲁大夫孟之侧也。"刘宝楠曰："古人多用'之'为语助。"②伐：自我夸耀。③殿：军队撤退时断后的部队，叫殿。奔而殿，指打了败仗溃散逃奔，孟之反殿后。临危受命（或许是自行主张，未受上级之命）殿后，当然立下了不平凡的军功。④门：鲁国城门。⑤策：此为动词，指鞭打。策其马，鞭打他的马。⑥祝：宗庙之官。⑦鮀：卫大夫，字子鱼，有口才。⑧宋朝：宋公子，有美色。⑨户：指单扇的门，两扇为门。

雍也篇第六

圣迹图之望吴门马·佚 名

18 子曰："质①胜文②则野③，文胜质则史④。文质彬彬⑤，然後君子⑥。"

19 子曰："人之生也直⑦，罔⑧之生也幸而免⑨。"

20 子曰："知之者不如好之者⑩，好之者不如乐⑪之者。"

【注释】①质：朴素。②文：文雅。③野：野人，粗鄙。④史：掌文书，这里代指浮华虚夸。⑤彬彬：犹班班，物相杂而均匀分布的样子。⑥君子：文章方面表现得才华横溢，而做人方面表现为德性质朴淳正。⑦直：正直。这句是说，人之所以能生活在世上是因为正直。⑧罔：欺骗，诬罔之人。⑨幸而免：侥幸免于灾祸。这句话是说，靠欺罔活着只是一种侥幸。⑩之：代词。⑪乐：喜爱。又读lè，乐于。

孔子圣绩图之删述六经图 明·仇英

与经典同行　与圣人为伍

21 子曰："中人以上①,可以语上②也;中人以下,不可以语上也③。"

22 樊迟问知[智]。子曰："务民之义④,敬鬼神而远之⑤,可谓知[智]矣。"问仁。曰："仁者先难而後获,可谓仁矣。"

【注释】①中人:中等水平的人。②上:指高深的学问。③语上:钱穆曰:"善导人者,必因才而笃之。中人以下,骤语以高深之道,不惟无益,反将有害。惟循序渐进,庶可日达高明。"不可以,这里意思是难以,不是禁止之意。④务民之义:专心致力于治理百姓所应该做的。朱熹《论语集注》曰:"专用力于人道之所宜。"之,动词,意思是趋向、达到。⑤远之:远不读 yuǎn,作动词,疏远。远之即疏远(不接近)鬼神。敬而远之,此成语的来源即这里。孔子所言,是能务民之义,自能敬鬼神,亦自能远鬼神。敬鬼神,就是敬民;远鬼神,是以民之义优先。《左传》随季梁曰:"民,神之主也。"与孔子此处所言近似。

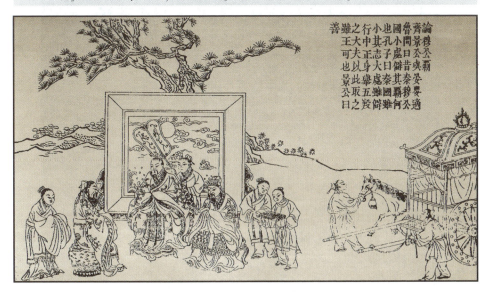

圣蹟图之论穆公霸·佚　名

雍也篇第六

23 子曰："知(智)者乐水,仁者乐山。知(智)者动,仁者静。知(智)者乐,仁者寿。"

24 子曰："齐一变,至于鲁;鲁一变,至于道。"

25 子曰："觚①不觚②,觚哉!觚哉!"

【注释】①觚:盛酒器皿,腹部、足部均有棱角。②不觚:意思是不像个觚,比喻当时政治。朱熹《论语集注》曰:"不觚者,盖当时失其制而不为棱也。"

孔子圣绩图之子见南子图 明·仇英

26 宰我问曰："仁者，虽告之曰'井有仁焉'①，其从之也？"子曰："何为其然也？君子可逝也，不可陷也；可欺②也，不可罔③也。"

27 子曰："君子博学于文，约④之以礼，亦可以弗畔⑤矣夫！"

28 子见南子⑥，子路不说。夫子矢⑦之曰："予所否⑧者，天厌之！天厌之！"

【注释】①井有仁：朱熹《论语集注》曰："刘聘君曰：'有仁之仁当作人。'今从之。从，谓随之于井而救之也。"俞樾《群经平议》："宰我盖谓：仁者勇于为仁，设井中有仁，其亦从之否乎？"②欺：欺骗。朱熹注："谓诳之以理之所有。"③罔：愚弄。朱熹注："谓昧之以理之所无。"④约：约束。⑤畔：通"叛"，违背。⑥南子：卫灵公夫人，有淫行。孔子至卫，不得已而见之，而子路以夫子见此淫乱之人为辱，所以不悦。⑦矢：誓。也可以理解为"陈述"，引申出"告诉"之义。⑧所否：假若不对。也可理解为"所否定"。

圣蹟图之礼见南子·佚名

读经诵典　受益匪浅

29 子曰："中庸①之为德也②，其至矣乎③！民鲜久矣④！"

30 子贡曰："如有博施于民而能济众⑤，何如？可谓仁乎？"子曰："何事于仁⑥！必也圣乎⑦！尧舜其犹病诸⑧！夫仁者，己欲立而立人⑨，己欲达而达人⑩。能近取譬，可谓仁之方也已。"

【注释】①中庸：中，折中，无过无不及；庸，平常。中庸即折中和平常的东西，指一种道德标准。②为德：作为一种德行。③至：极至，最高的标准。④民鲜久矣：人民缺少这种道德已经很久了。⑤博施于民而能济众：施，给予。济，救助。子贡所说的是能广博施与，普遍救济，如此必合仁道。⑥何事于仁：哪里只是仁。朱熹《论语集注》曰："言此何止于仁。"⑦圣：圣者。钱穆曰："此处'圣'字作有德有位言。仁者无位，不能博施济众；有位无德，亦不能博施济众。"⑧病诸：难以做到哩！病，难；诸，语助词。⑨己欲立而立人：自己想要自立，就也促使他人自立。⑩己欲达而达人：自己想要通达，也会促使他人通达。

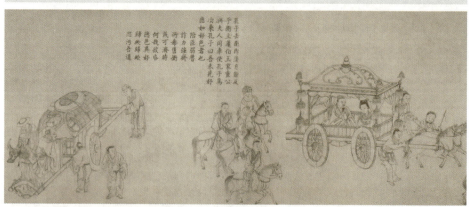

圣迹图之丑次同车　明·张楷

述而篇第七

孔子为鲁司寇像 清·佚名

❶ 子曰："述而不作①，信而好古②，窃比于我老彭③。"

❷ 子曰："默而识之④，学而不厌⑤，诲⑥人不倦，何有于我哉？"

❸ 子曰："德之不修，学之不讲⑦，闻义不能徙⑧，不善不能改，是吾忧也。"

【注释】①述：传述已有的成果。作：创作，创始。也释为制作。②信而好古：信奉古代准则，喜欢古代文化。③老彭：指老子和彭祖。一说指殷贤大夫，好述古事。④识：记住。钱穆曰："谓不言而存之心。默而识之，异乎口耳之学，乃所以蓄德。"朱熹《论语集注》曰："识，记也。默识，谓不言而存诸心也。"⑤厌：《说文》作"猒"，本义是饱食，引申为嫌弃。⑥诲：教育。⑦讲：研究。⑧徙：迁移，奔赴（那里）。

孔子圣绩图之同车次乘图　明·仇英

与经典同行　与圣人为伍

4 子之燕居①，申申②如也③，夭夭④如也。

5 子曰："甚矣吾衰也⑤！久矣吾不復梦见周公⑥！"

6 子曰："志于道，据于德，依于仁，游于艺⑦。"

【注释】①燕居：退朝而居，指闲居。燕通"宴"，安闲。朱熹《论语集注》曰："燕居，闲暇无事之时。"②申申：整饬之貌。③如：形容词後缀，犹"然"，译作"作……样子"，许多情况下并不要译出。孔颖达曰："如，是语辞也。"王引之《经传释词》卷七："如，犹然也。"下句之"如"同。④夭夭：和舒之貌。⑤甚矣：好厉害啊。衰：衰老。"甚矣"句和"久矣"句均为倒装句，起到强调"甚矣"和"久矣"的作用。⑥周公：姓姬，名旦。周文王的儿子、周武王的弟弟。史载他曾辅佐武王灭商，又曾制礼作乐，为周王朝确定了一整套礼仪典制。作为鲁国的始封国君，孔子很是钦佩他。⑦艺：指礼（礼节）、乐（音乐）、射（射箭）、御（驾驭）、书（书写）、数（算术）。

述而篇第七

孔子圣绩图之天降赤虹图　明·仇英

❼ 子曰："自行束脩①以上，吾未尝无诲焉！"

❽ 子曰："不愤②不启③，不悱④不发⑤；举一隅不以三隅反，则不复也。"

❾ 子食于有丧者之侧⑥，未尝饱也⑦。

❿ 子于是日哭⑧，则不歌⑨。

【注释】①脩：干肉又叫脯。每条脯叫一脡，十脡为束。十条干肉为束脩。古人用束脩作初次见面的薄礼。②愤：心求通而未得之意。③启：意为开启。④悱：口欲言而无法说出来的样子。⑤发：充分表达。⑥有丧者：服丧者，有丧事的人。此句指在服丧者旁边进食。⑦未尝：未曾，从来没有。《礼记·檀弓》："食于丧者之侧，未尝饱也。"钱穆曰："丧者哀戚，于其旁不能饱食，此所谓恻隐之心。曰未尝，则非偶然。"⑧是日：这一天。哭：为吊丧而哭。⑨歌：歌咏。《礼记·曲礼上》："哭日不歌。"钱穆曰："哭指吊丧。一日之内，哭人之丧，余哀未息，故不歌。曰则不歌，斯日常之不废弦歌可知。"

孔子圣迹图之西河返驾　明·佚　名

⓫ 子谓颜渊曰："用之则行，舍之则藏，惟我与尔有是夫！"

子路曰："子行三军，则谁与？"

子曰："暴虎①冯河②，死而无悔者，吾不与也。必也临事而惧，好谋而成者也。"

⓬ 子曰："富而可求也③，虽执鞭④之士，吾亦为之。如不可求，从吾所好⑤。"

【注释】①暴虎：空手和老虎搏斗。②冯河：不用船趟水过河。③而：意思同"如"。假如，如果。求：求取，求得。④执鞭：赶牛马之人执鞭，指拿鞭驾马车。朱熹《论语集注》曰："执鞭，贱者之事。"⑤从吾所好：依从我所喜好的去做。

孔子圣迹图之夹谷会齐　明·佚　名

⑬ 子之所慎①：齐②，战③，疾④。

⑭ 子在齐闻《韶》，三月不知肉味，曰："不图⑤为乐之至于斯也！"

⑮ 冉有曰："夫子为卫君⑥乎？"子贡曰："诺⑦，吾将问之。"
入曰："伯夷、叔齐何人也⑧？"曰："古之贤人也。"曰："怨乎⑨？"曰：

【注释】①所慎：慎重对待的事。②齐：通"斋"，斋戒。③战：战斗、战争。此乃众生灵死生有关，故必慎。④疾：疾病。这也是关系到身体的生存与消亡，故必慎。⑤不图：没想到。⑥为：帮助。卫君：出公辄，卫灵公的孙子，太子蒯聩的儿子。蒯聩因为得罪了灵公的夫人南子，出逃到晋国。灵公薨，国人立蒯聩之子辄。于是晋纳蒯聩而辄拒之。时孔子居卫，故冉有疑而问之。聩辄二人相争，而伯夷和叔齐互让，孔子对卫君为与不为不言自明。⑦诺：应答的声音，一般表示赞同。⑧伯夷、叔齐：据史载，他们的父亲孤竹君将死，遗命立叔齐。叔齐让其兄伯夷，伯夷尊父而逃去，叔齐亦不立而逃之。子贡不欲直问卫君事，故借问伯夷叔齐是何等人。⑨怨：怨恨，指心中存在怨恨。

孔子圣迹图之在齐闻韶图　明·佚名

与经典同行　与圣人为伍

"求仁而得仁①,又何怨?"
出曰:"夫子不为也②。"

❻ 子曰:"饭疏食③,饮水,曲肱④而枕之,乐亦在其中矣。不义而富且贵,于我如浮云。"

❼ 子曰:"加假⑤我数年,五十以学《易》⑥,可以无大过矣⑦。"

【注释】①一般说法,伯夷能孝,叔齐能悌。孝悌之心,即仁心;孝悌之道,即仁道。伯夷叔齐逃君位而去,心安理得,故曰求仁而得仁,又有何怨。②不为:不帮助。孔子既称赞伯夷的"求仁得仁",自然不赞成以子拒父的做法。③疏食:粗糙的食物。食指饭时,旧读sì。④肱:胳膊。⑤加:通"假",即借。⑥五十:指五十岁。⑦大过:大的过失。

述而篇第七

圣迹之图之读易有感·佚　名

18 子所雅言①，《诗》《书》、执礼②，皆雅言也。

19 叶公③问孔子于子路，子路不对④。子曰："女(汝)奚不曰：'其为人也，发愤忘食，乐以忘忧，不知老之将至云尔。'"

20 子曰："我非生而知之者⑤，好古⑥，敏以求之者也⑦。"

【注释】①雅言：上古时各国语言不统一，以周朝京都地区的语音为通行的语言，孔子平常用鲁地方言。②执礼：主持祭礼。③叶公：楚叶县尹沈诸梁，字子高，封地在叶，所以称为叶公。叶旧读shè。④不对：不对答。⑤生而知之：生下来就具备知识和道理。⑥好古：喜欢古代文化。⑦敏以求：勤勉地去探求。

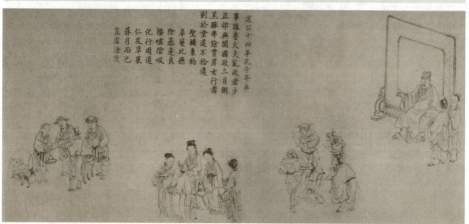

圣迹图之化行中都　明·张　楷

与经典同行　与圣人为伍

㉑ 子不语怪①、力②、乱③、神④。

㉒ 子曰："三人行⑤，必有我师焉。择其善者而从之，其不善者而改之⑥。"

㉓ 子曰："天生德于予，桓魋⑦其如予何？"

【注释】①怪：怪异的东西。如木石之怪、水怪、山精之类。②力：勇力。③乱：叛乱。④神：神鬼，神道。⑤三人：一般字面上翻译为三个人，但一般共识是指几个人，通常多于三个人。⑥善、不善：钱坫《论语後录》："子产曰：'其所善者吾则行之，其所恶者吾则改之，是我师也。'此云善、不善，当作是解。非谓三人中有善不善也。"⑦桓魋：宋司马向魋。宋桓公之後代，故又称桓氏。魋欲害孔子。

述而篇第七

孔子圣迹图之宋人伐木　明·佚　名

79

㉔ 子曰:"二三子①以我为隐乎②?吾无隐乎尔③!吾无行而不与二三子者④,是丘也。"

㉕ 子以四教:文,行,忠,信。

㉖ 子曰:"圣人,吾不得而见之矣!得见君子者,斯可矣。"

【注释】①二三子:意同诸位。②隐:隐瞒、隐匿。《学记》:"教人不尽其材。"注曰:"谓师有所隐也。"朱熹《论语集注》曰:"诸弟子以夫子之道高深不可及,故疑其有隐,而不知圣人作、止、语、默无非教也,故夫子以此之言晓之。"③吾无隐乎尔:我并没有隐瞒什么啊。④无行:没有什么言行。不与:不让知道,不告知。朱熹《论语集注》曰:"与,犹示也。"

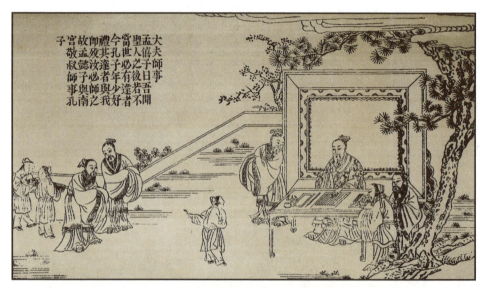

孔子圣迹图之大夫师事

子曰:"善人,吾不得而见之矣!得见有恒①者,斯可矣。亡(无)而为有,虚而为盈,约②而为泰③,难乎有恒矣!"

27 子钓而不纲④,弋⑤不射宿。

28 子曰:"盖有不知而作之者⑥,我无是也⑦。多闻,择其善者而从之;多见而识(志)之,知之次也⑧。"

【注释】①有恒:笃实之人,这里指良好的德行。②约:贫困。③泰:康泰。④纲:鱼网上的绳子。⑤弋:这里指射箭。⑥盖有:大概会有。不知:不懂什么,没有什么知识。⑦无是:没有这样的毛病。⑧知之次:这比生而知之要差一些。

孔子圣迹图化行中都 清·改琦

㉙ 互乡①难与言②,童子见现③,门人惑。子曰:"与④其进也,不与其退也,唯何甚?人洁己⑤以进,与其洁也,不保其往也。"

㉚ 子曰:"仁远乎哉?我欲仁,斯仁至矣!"

【注释】①互乡:地名。郑玄曰:"互乡,乡名也。"其地具体何处难以考证,或说在鲁国南部。②难与言:难以与他们交谈。或曰,其乡风俗恶劣,难以与之言善事。③童子见:指互乡那地方的一个童子前来拜见孔子,孔子接见了他。④与:赞同。⑤洁己:修养自身。

圣迹之图之受鱼致祭·佚　名

31 陈司败①问:"昭公②知礼乎?"孔子曰:"知礼。"

孔子退,揖巫马期③而进之④,曰:"吾闻君子不党⑤,君子亦党乎?君取(娶)于吴,为同姓,谓之吴孟子⑥。君而知礼⑦,孰不知礼?"

巫马期以告。子曰:"丘也幸⑧,苟有过,人必知之。"

【注释】①陈司败:即陈国的司寇。陈、楚名司寇为司败。《左传》文公十年传杜注:"陈、楚名司寇为司败。"一说司败乃某人的姓名。②昭公:鲁君,名裯,学习了多威仪的礼节,当时人都说他知礼。所以陈司败问起了这件事。③巫马期:孔子弟子,姓巫马,名施,字期。④进:请进来,或曰,请上前来。刘宝楠曰:"夫子见陈司败,期为介,入俟于庭。及夫子退,期当随行;而司败仍欲与语,故揖而进之也。"⑤党:偏私,包庇。⑥吴孟子:鲁国的国君娶了吴国的女子做妻子,鲁与吴皆姬姓。吴孟子本应称吴姬,这里称吴孟子,是为了避同姓之讳。⑦而:如果。⑧幸:幸运。

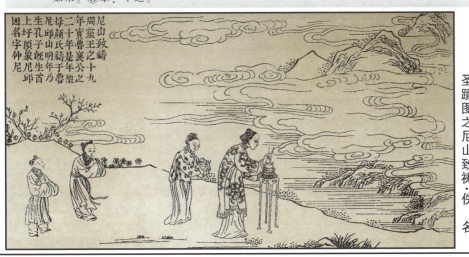

圣蹟图之尼山致祷·佚 名

32 子与人歌而善①，必使反之②，而後和③之。

33 子曰："文，莫吾犹人也④。躬行君子⑤，则吾未之有得⑥。"

34 子曰："若圣与仁，则吾岂敢？抑为之不厌，诲人不倦，则可谓云尔⑦已矣。"公西华曰："正唯弟子不能学也。"

【注释】①歌而善：唱得好。②反之：重複唱。③和：应和。④莫：疑词，大约。⑤躬行君子：做一个身体力行的君子。毛子水曰："文莫，指求学言；躬行，则指修德言。"钱穆曰："躬行者，从容中道，臻乎自然，已不待努力。"⑥得：指达到这种境界。⑦云尔：这样说。

孔子圣迹图之学琴师襄　清·改　琦

35 子疾病①，子路请祷②。子曰："有诸③？"子路对曰："有之。诔④曰：'祷尔于上下神祇⑤。'"子曰："丘之祷久矣⑥！"

36 子曰："奢则不孙(逊)⑦，俭则固⑧。与其不孙(逊)也，宁固。"

37 子曰："君子坦荡荡⑨，小人长戚戚⑩。"

38 子温而厉⑪，威而不猛，恭而安。

【注释】①疾病：重病。②祷：向鬼神祈祷。大约是指代替孔子向鬼神祈祷。《说文》："祷，告事求福也。"包咸说："祷，祷请于鬼神。"③有诸：诸，之乎的合音。有无祷之鬼神之事。另一说法为有无祷之鬼神之理。④诔：祭祷文。⑤祇：地神。⑥丘之祷久矣：我已经祈祷很久了。⑦孙：通"逊"。⑧固：简陋，寒碜。⑨坦荡荡：坦率，不做作。⑩戚戚：忧愁貌。⑪温而厉：温和而严厉。

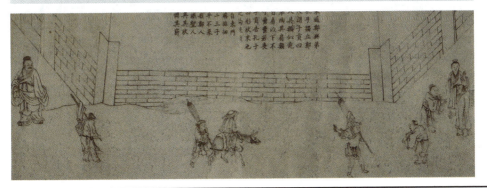

圣迹图之累累说圣　明·张　楷

泰伯篇第八

孔子圣绩图之在陈绝粮图　明·仇英

与经典同行　与圣人为伍

1 子曰："泰伯①，其可谓至德也已矣②，三以天下让③，民无得而称焉④。"

2 子曰："恭而无礼则劳⑤，慎而无礼则葸⑥，勇而无礼则乱，直而无礼则绞⑦。君子笃于亲⑧，则民兴于仁；故旧⑨不遗，则民不偷⑩。"

【注释】①泰伯：周古公亶父之长子，仲雍、季历之兄。季历又生子昌，有圣德。太王有覆商之志，而泰伯不从，太王遂欲传位季历以及昌。泰伯即与仲雍逃到荆蛮。于是太王立季历，传国至昌即文王。文王崩，武王立，遂克商而有天下。②至德：道德的顶巅，具备最高尚的德行。已矣：语气助词，用于句末，与"矣"同义。清人王引之《经传释词》卷一："'已'为语终之词，则与'矣'同义；连言之则曰'已矣'。"③三以天下让："三"并非实指，而是表示让位态度坚决的意思。朱熹《论语集注》："三让，谓固逊也。"认为"三"乃"多"之义；"三以天下让"是说泰伯怎么也不继承太王的位子。当然也就是坚决让位的态度。④无得而称焉：即不知道该怎样称赞他。无得，不知道该怎样。⑤劳：忧愁。⑥葸：害怕。⑦绞：尖刻刺人。⑧君子：一般而言，此处之"君子"指在上位的人。笃：厚道。笃于亲，对自己的亲人厚道。⑨故旧：故交，老友。⑩偷：浇薄，不厚道。

泰伯篇第八

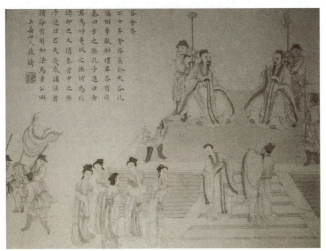

孔子圣迹图之夹谷会齐　清·改琦

3. 曾(zēng)子(zǐ)有(yǒu)疾(jí)，召(zhào)门(mén)弟(dì)子(zǐ)曰(yuē)："启(qǐ)①予(yú)足！启(qǐ)予(yú)手(shǒu)！《诗(shī)》云(yún)：'战(zhàn)战(zhàn)兢(jīng)兢(jīng)②，如(rú)临(lín)深(shēn)渊(yuān)，如(rú)履(lǚ)③薄(báo)冰(bīng)。'而(ér)今(jīn)而(ér)後(hòu)，吾(wú)知(zhī)免(miǎn)④夫(fú)！小(xiǎo)子(zǐ)！"

4. 曾(zēng)子(zǐ)有(yǒu)疾(jí)，孟(mèng)敬(jìng)子(zǐ)问(wèn)之(zhī)⑤。曾(zēng)子(zǐ)言(yán)曰(yuē)："鸟(niǎo)之(zhī)将(jiāng)死(sǐ)，其(qí)鸣(míng)也(yě)哀(āi)；人(rén)之(zhī)将(jiāng)死(sǐ)，其(qí)言(yán)也(yě)善(shàn)⑥。君(jūn)子(zǐ)所(suǒ)贵(guì)乎(hū)道(dào)

【注释】①启：王念孙认为通"晵"，即视也。问：问候、慰问。②战战兢兢：战战指恐惧发抖，兢兢指小心谨慎的样子，战战兢兢形容极端害怕而小心谨慎的样子。③履：步行。④免：避免祸刑。⑤孟敬子：鲁大夫仲孙氏，名捷。⑥"鸟之将死"四句：鸟畏死，故鸣哀。人穷反本，故言善。死到临头，不再有什么恶意，故其说多善。这是曾子谦逊的话语，也希望敬子相信这一点，记在心上。

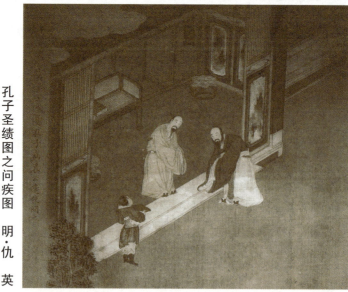

孔子圣绩图之问疾图 明·仇英

者三①：动容貌②，斯远暴慢③矣；正颜色，斯近信矣；出辞气④，斯远鄙倍[背]⑤矣。笾豆之事⑥，则有司⑦存。"

❺ 曾子曰："以能问于不能⑧，以多问于寡⑨；有若无，实若虚，犯而不校⑩——昔者吾友⑪尝从事于斯矣⑫。"

【注释】①道：郑玄曰："此'道'，谓礼也。" ②动容貌：刘宝楠《论语正义》："谓以礼动之。"可解释为把内在的敬意感动表现于面容，也可以说真心地以礼待人。③暴慢：粗暴和怠慢。④出辞气：说话的言辞和声调（多加考虑）。⑤鄙倍：倍通"背"，鄙陋粗野和违背道理。⑥笾豆之事：指祭祀。笾，祭祀所使用的竹制器具；豆，祭祀所使用的木制器具。⑦有司：主管祭礼的官吏。⑧能：有才能。问：与"不耻下问"之"问"同，指请问、请教。⑨多：知识多。寡：知识少。⑩犯：侵犯，以非礼相待。校：计较。刘宝楠曰："《韩诗外传》引颜子曰：'人不善我，我亦善之。'即不校之德。" ⑪吾友：指颜回。也有人认为，称"吾友"是说自己不具备这种德行的意思。⑫尝：尝经。从事于斯：这么去做。

圣迹图之梦奠两楹　明·佚　名

读经诵典　受益匪浅

6 曾子曰："可以托六尺①之孤，可以寄百里②之命，临大节③而不可夺也④。君子人与欤⑤？君子人也！"

7 曾子曰："士不可以不弘毅⑥，任重而道远⑦。仁以为己任⑧，不亦重乎？死而後已⑨，不亦远乎？"

8 子曰："兴⑩于《诗》，立于礼⑪，成于乐⑫。"

【注释】①六尺：周代六尺合现在一米三八，身长六尺之人还是小孩，指十五岁以下的人。②百里：诸侯国。③大节：生死存亡的关头。④夺：动摇，屈服。⑤君子人欤：君子就是这样的人吗。⑥弘毅：心胸广大。毅指品格坚毅。⑦道远：路程遥远。⑧仁以为己任：把体现仁作为自己的责任。⑨死而後已：竭心尽力从事自己的事业。现多用以形容用毕生全部精力为某种事业而奋斗。⑩兴：兴起，振奋。⑪立于礼：由学礼而立身。⑫成于乐：通过音乐加以完善。

圣迹之图之韦编三绝·佚　名

与经典同行　与圣人为伍

❾ 子曰："民可，使由之；不可，使知之。"①

❿ 子曰："好勇疾贫②，乱也。人而不仁，疾之已甚③，乱也。"

⓫ 子曰："如有周公之才之美④，使骄且吝⑤，其余不足观也已。"

【注释】①民可，使由之；不可，使知之：百姓聪慧，就让他们自由发展；百姓愚钝，就教化他们。这一解读认为本句体现了孔子的仁。而传统上朱熹的断句"民可使由之，不可使知之"让千百年来误解孔子是愚民思想。②疾：憎恶，憎恨。③疾之已甚：对不仁之人痛恨太过分。④周公之才之美：周公那样完美的才能。⑤吝：吝啬。

孔子圣迹图因膰去鲁　清·改　琦

泰伯篇第八

12 子曰:"三年学,不至于穀①,不易得②也。"

13 子曰:"笃信好学③,守死善道④。危邦不入,乱邦不居⑤。天下有道则见(现),无道则隐。邦有道,贫且贱焉,耻也;邦无道,富且贵焉,耻也。"

14 子曰:"不在其位,不谋其政。"

【注释】①穀:这里指俸禄。朱熹《论语集注》曰:"穀,禄也。至,疑当作'志'。"这里理解是说,学习三年而不求做官的人是难得的。②不易得:难得。③笃:笃实。朱熹《论语集注》曰:"笃,厚而力也。"④善:一般当作动词,指完善。善道,指的是完善为人的大道。学者毛子水曰:"'善道'的'善',动词,指好的道理。"⑤危邦不入,乱邦不居:朱熹曰:"君子见微授命,则仕危邦者无可去之义,在外则不入可也。乱邦未危而刑政纪纲紊矣,故洁其身而去之。"

圣蹟图之观周明堂·佚名

与经典同行　与圣人为伍

⑮ 子曰："师挚之始①，《关雎》之乱②，洋洋③乎盈④耳哉！"

⑯ 子曰："狂而不直⑤，侗⑥而不愿⑦，悾悾⑧而不信⑨，吾不知之矣⑩。"

⑰ 子曰："学如不及⑪，犹恐失之⑫。"

⑱ 子曰："巍巍⑬乎！舜禹⑭之有天下也，而不与⑮焉。"

泰伯篇第八

【注释】①师挚之始：始是乐曲的开端，古代奏乐开始叫升歌，一般由太师演奏，师挚即名挚的太师。②关雎之乱：乱是乐的结束，凡乐之大节有歌，有笙，有间，有合，叫"一成"，乱是合乐，合乐奏《关雎》的乐章叫《关雎》之乱。③洋洋：和美盛大貌。④盈：充满。⑤狂：狂放，狂躁。狂而不直：狂放而又不率直。钱穆曰："狂者多爽直，狂是其病，爽直是其可取。凡要德性未醇，有其病，但同时亦有其可取。今则徒有病而更无可取，则其天性之美已丧，而徒成其恶，此所谓小人之下达。"⑥侗：无知幼稚。⑦愿：老实。⑧悾悾：无能貌。⑨信：诚信，守信用。⑩吾不知之：我不知这种人能做成什么事情。⑪学如不及：勤恳为学，好像来不及似的。⑫犹恐失之：还担心会遗失什么。⑬巍巍：高大貌。⑭舜禹：禹受虞舜禅让帝位，禹是夏朝开国之君，治水惠民。⑮与：参与。

圣迹之图之访乐苌弘·佚名

⑲ 子曰："大哉，尧之为君也！巍巍乎！唯天为大，唯尧则①之。荡荡②乎！民无能名焉③。巍巍乎④！其有成功⑤也。焕⑥乎！其有文章⑦。"

⑳ 舜有臣五人⑧而天下治。武王曰："予有乱臣⑨十人⑩。"孔子曰："才难⑪，不其然乎？唐虞之际⑫，

【注释】①则：效法。一说为准，准则，指唯有尧之德可与天准。②荡荡：浩荡貌。③无能名：无法以言语指说。④巍巍：崇高伟大的样子。⑤成功：成绩功勋。⑥焕：美好。⑦文章：礼乐法度。⑧舜有臣五人：即禹、稷、契、皋陶、伯益。⑨乱臣：乱，治也，乱臣即为治理国家之能臣。⑩十人：谓周公旦、召公奭、太公望、毕公、荣公、太颠、闳夭、散宜生、南宫适、文母。⑪才难：人才难得。⑫唐虞：唐指陶唐氏，尧系此氏族出身，世称唐尧。虞指有虞氏，舜系此氏族出身，世称虞舜。唐虞，在此即指尧舜。

孔子圣迹图之礼堕三都

于斯为盛,有妇人焉①,九人而已。三分天下有其二②,以服事殷。周之德,其可谓至德也已矣。"

㉑ 子曰:"禹,吾无间③然矣。菲④饮食而致孝乎鬼神,恶衣服⑤而致美乎黻冕⑥,卑⑦宫室而尽力乎沟洫⑧。禹,吾无间然矣。"

【注释】①有妇人焉:这其中有一个是妇女。此妇人,这里的"十人"有注解说是文母,也有人说是武王妻邑姜。钱穆曰:"当以指邑姜为是。"②三分天下有其二:殷商时天下分九州,文王得六州。分不读fèn。③无间:没有异议。朱熹《论语集注》曰:"间,隙也,谓指其隙而非议之也。"则此句是说没有什么缺漏而遭非议。毛子水认为,间有"隙"之义,由此可引申出"不满"的意思。他把这句译为:对于禹,我没有什么不满意的地方了。④菲:薄。⑤恶衣服:穿得破烂。⑥黻冕:祭祀时穿的礼服,冕指礼帽。⑦卑:差,陋。⑧沟洫:沟渠,指农田水利。

孔子圣迹图之景公尊让 清·改琦

子罕篇第九

孔子圣绩图之在齐闻韶　明·仇　英

与经典同行　与圣人为伍

1 子罕①言利,与命与仁②。

2 达巷党人曰:"大哉孔子!博学而无所成名。"子闻之,谓门弟子曰:"吾何执?执御乎?执射乎?吾执御矣。"

3 子曰:"麻冕③,礼也;今也纯④,俭⑤,吾从众。拜下⑥,礼也;今拜乎上,泰⑦也。虽违众,吾从下。"

【注释】①罕:极少。②与命与仁:赞同命和仁。孔子很少谈利而赞成命赞成仁。另一说认为:与是和之意,即孔子很少谈利和命、仁。因为言利会害义,而命与仁则难以理解和达到。《史记·外戚世家》:"孔子罕言命者,难言之也。非通幽明之变,乌足识乎性命哉!"《论语集解》:"利者,义之和也;命者,天之命也;仁者,行之盛也;寡能及之,故希言也。"《论语集解》引程子曰:"计利则害义,命之理微,仁之道大,皆夫子所罕言也。"阮元《论语·论仁篇》:"孔子言仁者详矣。曷为曰罕言也?所谓罕言者,孔子每谦不敢自居于仁,亦不轻以仁许人也。"③麻冕:一种用麻料组成的礼帽。④纯:黑色的丝。⑤俭:绩麻做礼帽,很费工,用纯丝较省工,故俭。⑥拜下:指臣对君行礼,先在庭下磕头,再升堂磕头。⑦泰:傲慢不恭。

子罕篇第九

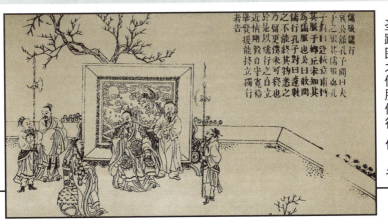

圣蹟图之儒服儒行·佚名

4 子绝四①：毋意②，毋必③，毋固④，毋我⑤。

5 子畏于匡⑥，曰："文王既没⑦，文不在兹乎⑨？天之将丧斯文也，後死者⑩不得与⑪于斯文也；天之未丧斯文也，匡人其如予何？"

【注释】①绝：杜绝，戒绝。四：四个方面的事情。戒绝的事，当然是孔子认为不好的事。②意：凭空揣测。③必：期必。对于事物的發展，期望其必定出现某种结果。无期必，一般认为是知命。④固：固执己见。一个人能够不固执，便能从善服义。⑤我：私心。一个人没有私心，就不会做只利于己而损害他人的事情，是有志于道的表现。⑥畏：拘囚，拘禁。匡：地名。《史记》云："阳虎曾暴于匡，夫子貌似阳虎，故匡人围之。"⑦文王：周文王，名昌，周王朝的开国君主。没：通"殁"，死亡。⑧文：指礼乐制度。⑨兹：代词，这里。孔子指自己，或者说自己的抱负志向。⑩後死者：孔子自称。⑪与：参与，掌握。

孔子圣绩图习礼树下图　明·仇英

与经典同行 与圣人为伍

❻ 大(太)宰问于子贡曰:"夫子圣者与欤?何其多能也?"子贡曰:"固①天纵②之将圣,又多能也。"子闻之,曰:"大(太)宰知我乎?吾少也贱,故多能鄙事。君子多乎哉?不多也。"

❼ 牢③曰:"子云:'吾不试④,故艺。'"

【注释】①固:本来。②纵:使。③牢:不详。郑玄说是孔子弟子,姓琴,字子开。④不试:不被任用。

孔子圣绩图之临河而返图 明·仇 英

⑧ 子曰："吾有知乎哉①？无知也。有鄙夫②问于我，空空如也③。我叩其两端④而竭焉⑤。"

⑨ 子曰："凤鸟⑥不至，河不出图⑦，吾已矣夫⑧！"

⑩ 子见齐衰⑨者、冕衣裳⑩者与瞽⑪者，见之，虽少，必作⑫；过之，必趋⑬。

【注释】①知：知识。②鄙夫：乡下人。一说指鄙陋浅薄之人。③空空如也：一无所知的样子。指孔子自己心中空空无所知。一说，空通"悾"，指鄙夫的态度诚恳。④叩其两端：询问其问题的方方面面。朱熹《论语集注》曰："两端犹言两头，言终始、本末、上下、精粗，无所不尽。"⑤竭焉：枯竭、耗尽在这个问题上，即答不出问题。⑥凤鸟：传说中的神鸟，凤凰是一种灵鸟，传说舜时来仪，文王时鸣于岐山。⑦河图：传说伏羲时黄河中有龙马出现，背上负有一图，预示着圣王要出现了。⑧已矣夫：完了。⑨齐衰：丧服。⑩冕衣裳：冕即冠，衣即上服，裳即下服。指盛服的贵族。⑪瞽：眼盲。⑫作：起。⑬趋：快步走。

孔子圣迹图之匡人解围　明·佚名

⑪ 颜渊喟然①叹曰："仰之弥②高，钻之弥坚③。瞻之在前④，忽焉⑤在后⑥。夫子循循⑦然善诱⑧人，博我以文⑨，约我以礼⑩，欲罢⑪不能。既竭吾才，如有所立卓尔⑫。虽欲从之⑬，末由⑭也已。"

【注释】①喟然：叹气的样子。《说文》："喟，大息也。"段玉裁注曰："《论语》两云'喟然叹曰'，谓大息而吟叹也。"②弥：更加。③钻：钻研，穷究。坚：坚实深厚。钱穆曰："仰弥高，不可及。钻弥坚，不可入。'之'指孔子之道，亦指孔子其人。此乃颜渊日常心所向往而欲至者。"④瞻：此指向前看。⑤忽焉：突然的样子。⑥"瞻之"两句：一会儿在前，一会儿在后，比喻恍惚不可捉摸的样子。具体地说，是孔子的学问高深，不易把握。⑦循循：有次序的样子。⑧诱：引导。⑨博我以文：用文献典籍来丰富我的学识。⑩约我以礼：用礼来约束我的言行。⑪罢：停，歇。⑫卓尔：高大超群。⑬之：代词。和前面三个"之"一样，指孔子之道，也可指孔子其人。⑭末由：没有途径。由即途径。

孔子圣绩图之子西阻封图 明·仇英

12 子疾病，子路使门人为臣①。病间②，曰："久矣哉，由之行诈也③！无臣而为伪有臣④。吾谁欺⑤？欺天乎？且予与其死于臣之手也，无宁⑥死于二三子之手乎！且予纵不得大葬，予死于道路乎？"

【注释】①臣：古时诸侯死才能有臣，臣在其死前便为其处理衣衾剪须诸事，死後处理丧事。孔子认为僭越。②病间：病情好转。③"久矣哉"两句：郑玄曰："孔子尝为大夫，故子路使弟子行其臣之礼。"刘宝楠曰："为即是伪，无臣而伪有臣也。"毛子水曰："孔子这时并没有官位，因以子路为行诈。'久'应读作疚。"按此观点，"久"有三种解释。一，久，即长久。二，引申为过分之义。三，久，通"疚"，音jiù，意思是令人心痛。④为：通"伪"，假装。无臣而为有臣，指的是不得配备家臣却假装有家臣。⑤吾谁欺：我欺骗谁。⑥无宁：宁愿。

孔子圣绩图之赐药图 明·仇英

与经典同行　与圣人为伍

13 子贡曰："有美玉于斯，韫椟①而藏诸？求善贾②而沽③诸？"子曰："沽之哉！沽之哉！我待贾者也。"

14 子欲居九夷④。或曰："陋，如之何？"子曰："君子居之，何陋之有？"

【注释】①韫椟：收藏在大柜子里。韫即收藏，椟是大柜子。②贾：商人。③沽：出卖。④九夷：即淮夷，与齐、鲁接壤。一说指东方的九种民族。

孔子圣绩图之楚王使聘图　明·仇　英

⑮ 子曰:"吾自卫反①鲁,然後乐正②,《雅》《颂》各得其所③。"

⑯ 子曰:"出则事公卿,入则事父兄,丧事不敢不勉④,不为酒困⑤,何有于我哉⑥?"

⑰ 子在川上⑦,曰:"逝者如斯夫⑧!不舍昼夜⑨。"

⑱ 子曰:"吾未见好德如好色者也。"

【注释】①反:同"返"。鲁哀公十一年冬,孔子自卫返鲁,感到鲁国的诗乐残阙失次,故订而正之。②乐正:正其乐章,调整乐曲的篇章。一说指正其乐音,整理乐曲的音律。③《雅》《颂》:指《诗经》中的两类诗歌。《雅》是在宫廷典礼上奏唱的乐曲;《颂》是在祭祀时奏唱的乐曲。④勉:尽心尽力去做。⑤困:困扰。⑥何有于我哉:即于我有何哉。⑦川上:河流岸边上。⑧逝者:流逝而去的(时光、岁月等)。⑨不舍昼夜:即昼夜不舍,舍指放弃。

在川观水图

⑲ 子曰："譬如为山，未成一篑①，止，吾止也。譬如平地，虽覆一篑②，进③，吾往也④。"

⑳ 子曰："语之而不惰者⑤，其回也与！"

㉑ 子谓颜渊⑥，曰："惜乎！吾见其进也⑦，未见其止也⑧。"

【注释】①篑：盛土的筐子。包咸曰："篑，土笼。"未成一篑，是说只差一篑土便把预期的山造成了。②虽：虽然、即使。覆：倒下。虽覆一篑，是说开始造山，只是倒下一篑土的时候。③进：指倒土的活儿还要进展。④吾往：我还要发展往高处。⑤语之而不惰：我讲给他听而他能毫不懈怠地听。朱熹《论语集注》曰："颜渊解，故语之而不惰，馀人不解，故有惰语之时也。"⑥谓：谈到，说到。这是颜渊死去之後孔子的叹息。皇侃曰："颜渊死後，孔子有此叹也。"⑦进：不断进展。⑧止：停止进取。

孔子圣绩图之祷尼山图　明·仇英

22 子曰："苗而不秀①者有矣夫！秀而不实②者有矣夫！"

23 子曰："後生可畏③，焉知来者之不如今也④？四十、五十而无闻⑤焉，斯亦不足畏也已⑥！"

24 子曰："法语⑦之言，能无从乎⑧？改之为贵⑨。巽与⑩之言，能无说悦乎？

【注释】①秀：稻麦等吐穗扬花叫秀。②实：结果实。钱穆曰："穀始生曰苗，成穗为秀，成穀曰实。"③後生：青少年。可畏：值得敬畏。④焉知：哪里知道。如何知道。来者：后来者，年少一辈。⑤无闻：不闻名。⑥不足畏：没什么值得敬畏。⑦法语：合乎正道的话，法指礼仪规则。⑧从：听从，遵从。⑨改之为贵：可贵之处是，能听从法言以改正欠妥之处。⑩巽与：谦逊，恭维。

孔子圣迹图之俎豆礼容　明·佚　名

与经典同行　与圣人为伍

绎①之为贵。说(悦)而不绎,从而不改②,吾末如之何也已矣③!"

㉕ 子曰:"主忠信;无④友不如己者;过,则勿惮改。"

㉖ 子曰:"三军⑤可夺帅也,匹夫⑥不可夺志也。"

【注释】①绎:分析和鉴别。②从而不改:只是表面听从而不以实际行动真心改正。③吾末如之何也已矣:我就不知如何对待这种人了。或者说,我就不知拿他怎么办了。末,副词,表示否定,这里可译作"不""不知"。如之何,怎么样,怎么办。④无:没有。⑤三军:这里指代军队。⑥匹夫:普通百姓。

孔子圣绩图之去鲁国　明·仇英

㉗ 子曰："衣敝缊袍①，与衣狐貉②者立，而不耻者③，其由也与④！'不忮不求，何用不臧⑤？'"子路终身诵之⑥。子曰："是道也⑦，何足以臧？"

㉘ 子曰："岁寒⑧，然後知松柏之後彫⑨也。"

【注释】①衣敝缊袍：衣是穿，敝是破烂，缊袍是乱丝绵做成的袍服。②狐貉：用狐狸皮或貉皮做成的衣服。③耻：羞耻，或曰难为情。④其：大概，恐怕。⑤不忮不求，何用不臧：忮是嫉妒，臧是善，好。即不嫉妒、不贪求，为什么不好。这两句见于《诗·邶风·雄雉》篇。⑥诵：诵读，背诵。⑦是道：这道理。也有译作这个样子。⑧岁寒：指一年的严寒时节。⑨彫：通"凋"，凋谢，凋零。《经典释文》："彫，依字当作凋。"《说文解字》："凋，半伤也。"

孔子圣迹图之杏坛礼乐图　明·佚　名

㉙ 子曰："知(智)者不惑，仁者不忧，勇者不惧。"

㉚ 子曰："可与①共学，未可与适道②；可与适道，未可与立；可与立，未可与权③。"

㉛ "唐棣之华(花)④，偏其反而⑤。岂不尔思⑥？室⑦是远而。"子曰："未之思也，夫何远之有？"

【注释】①与：一起，共同。②适道：归从道统。适即到，去。③权：谋也，机变。古称道之至当不变者为经，反经合道为权。④唐棣之华：唐棣即郁李，又名常棣，数朵花为一簇，象征兄弟团结。⑤偏其反而：形容花摇动的样子。⑥尔思：思念你。⑦室：住的地方。

孔子圣迹图之鲁国大治　明·佚　名

乡党篇第十

孔子圣绩图之晏婴阻封图　明·仇　英

与经典同行　与圣人为伍

1 孔子于乡党①，恂恂②如也，似不能言者。其在宗庙朝廷，便便③言，唯谨尔④。

2 朝⑤，与下大夫言⑥，侃侃⑦如也；与上大夫言，訚訚⑧如也。君在，踧踖⑨如也，与与⑩如也。

【注释】①乡党：乡里。泛指家乡。周制，一万二千五百家为乡，五百家为党。②恂恂：恭顺貌。③便便：通"辩辩"，说话明白流畅貌。④唯谨尔：只是说话的神态显得谨慎罢了。⑤朝：上朝时。一般认为这是在君主未视朝之时。刘宝楠《论语正义》曰："据下文，'君在'为视朝，则此'朝'是君未视朝时也。"⑥下大夫：官名。据《周礼》记载，当时的官员分卿、大夫、士三个等级，每个等级各分上、中、下三级。孔子在鲁国曾担任过司空、司寇，属下大夫，因此，此处的"下大夫"一般认为系与孔子同级的官员。⑦侃侃：和乐之貌。⑧訚訚：和悦正直貌。⑨踧踖：恭敬不宁貌。⑩与与：威仪适度貌。

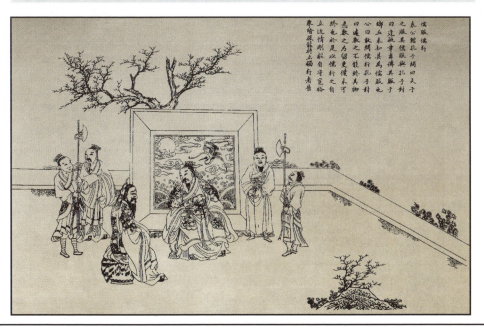

圣迹之图之儒服儒行·佚　名

3 君召使擯①，色勃如②也，足躩如③也。揖所与立④，左右手⑤，衣前後⑥，襜如⑦也。趨進⑧，翼如⑨也。賓退，必復命曰⑩："賓不顧⑪矣。"

4 入公門⑫，鞠躬如也，如不容。立不中門，行不履閾⑬。過位，色勃如也，足躩如也，其言似不足者。

【注释】①擯：通"儐"，接待外宾。②勃如：面色呈现庄重的样子。③躩如：脚步快速貌。④揖所与立：向和他一起站立迎宾的人作揖。朱熹《论语集注》曰："谓同为擯者也。"儐者，有五人、四人、三人不同说法。向左边的人作揖，则移其手向左；揖右边的人，则移其手向右。⑤左右手：分别向左向右拱手。朱熹《论语集注》曰："揖左人则左其手，揖右人则右其手。"⑥前後：向前向後，即俯仰。⑦襜如：整齐貌。⑧趨进：快步行进。⑨翼如：似鸟舒展翅貌。朱熹《论语集注》曰："疾趨而进，张拱端好，如鸟舒翼。"⑩復命：向国君回报。⑪顾：回头。⑫公門：朝廷。⑬閾：门坎。

圣迹之图之敬入公门·佚名

与经典同行　与圣人为伍

摄齐①升堂，鞠躬如也，屏气似不息者。

出，降一等，逞②颜色，怡怡③如也。

没阶，趋进，翼如也。

復其位，踧踖如也。

5 执圭④，鞠躬如也，如不胜⑤。上如揖⑥，下如授⑦，勃如战⑧色，足蹜蹜⑨如有循⑩。

享礼⑪，有容色⑫。

私觌⑬，愉愉如也。

乡党篇第十

【注释】①摄齐：摄是提起，齐是衣裳的下摆。齐不读qí。②逞：放松。③怡怡：心情愉快貌。④圭：一种典礼时君臣拿的玉器。典籍中说其形状上锐下方，是大臣代表国君出使时所执的信物。⑤不胜：无法承受。朱熹《论语集注》曰："执主器，执轻如不克，敬谨之至也。"⑥上如揖：上举时如同作揖。⑦下时授：向下回放时如同授物给别人。朱熹《论语集注》曰："上如揖，下如授，谓执圭平衡，手与心齐，高不过揖，卑不过授也。"⑧战：敬畏。⑨蹜蹜：小步走路的样子。⑩如有循：像是沿着脚下什么东西行走。⑪享礼：使臣向邻国君主献礼的仪式。⑫容色：指脸色从容和气。⑬私觌：以私人身分相见。

圣迹图之子路问津　明·张　楷

6 君子不以绀緅饰①，红紫不以为亵服②。

当暑③，袗絺绤④，必表而出之⑤。

缁衣⑥，羔裘⑦；素衣，麑裘；黄衣，狐裘。

亵裘⑧长，短右袂⑨。

必有寝衣，长一身有又半。

狐貉之厚以居⑩。

去丧⑪，无所不佩。

【注释】①绀緅饰：绀是深青中透红之色，緅是铁灰色，饰是滚边、镶边。②亵服：古人在家穿的便服。③当暑：正值暑热天气，一般指夏天。④袗絺绤：袗是单衣，絺是细葛布，绤是粗葛布。⑤必表而出之：表，本指上衣，这里作动词，指穿上外上衣。皇侃曰："当暑絺绤可单，若出，则必加上衣。"⑥缁衣：黑色的衣裳。⑦羔裘：黑色羊皮裘。刘宝楠曰："经传凡言羔裘，皆谓黑裘。"⑧亵裘：家居新穿的皮衣。⑨袂：袖子。⑩以居：用作坐垫。⑪去丧：丧期满了。

圣迹之图之馈食欣受·佚 名

与经典同行　与圣人为伍

非帷裳①，必杀之②。羔裘玄冠③不以吊④。

吉月⑤，必朝服而朝。

7 齐[斋]⑥，必有明衣⑦，布。齐[斋]必变食，居必迁坐⑧。

8 食⑨不厌精⑩，脍⑪不厌细⑫。食饐⑬而餲⑭，鱼馁⑮而肉败⑯，不食。色恶，不食。臭⑰恶，不食。

【注释】①帷裳：礼服。②杀之：裁去，杀不读shā。③玄冠：黑色的帽子。④不以吊：不用于丧事。⑤古月：月朔，即每月初一。⑥齐：同"斋"。⑦明衣：行礼或祭服的贴身单衣。⑧迁坐：移寝，不与妻妾同房。⑨食：粮食。⑩精：上等好米，或曰舂得很精细的米。这里当指精致上等的食品。⑪脍：细切的鱼或肉。⑫细：指切得很精细。朱熹《论语集注》曰："食精则能养人，脍粗则能害人。不厌，言以是为善，非欲必欲如是也。"不厌，不嫌弃。⑬饐：食物经久而腐。⑭餲：食物经久而变味。⑮馁：鱼腐烂。⑯败：肉腐烂。⑰臭：气味。

圣迹图之季康币迎　明·张　楷

失饪,不食。不时,不食。割不正,不食。不得其酱,不食。肉虽多,不使胜①食气②。唯酒无量,不及乱。沽③酒市④脯⑤,不食。不撤姜食,不多食。

9 祭于公,不宿肉⑥。祭肉⑦不出三日,出三日,不食之矣⑧。

【注释】①胜:超过。②食气:饭料。③沽:买。④市:到市场去买。⑤脯:熟肉干。⑥不宿肉:(用于公祭的肉,由于颁下来之前已放了一两夜)不能再存放过夜。朱熹《论语集注》曰:"助祭于公,所得胙肉归即颁赐,不俟经宿者,不留神惠也。"⑦祭肉:指用于普通祭祀的肉。⑧不食之矣:就不再食用它了。朱熹《论语集注》曰:"盖过三日则肉必败,而人不食之,是亵鬼神之馀也。"

圣迹之图之侍席鲁君·佚名

与经典同行　与圣人为伍

10 食不语，寝不言①。

11 虽疏食菜羹，瓜祭，必齐斋如②也。

12 席不正③，不坐。

13 乡人饮酒，杖者出④，斯出矣。

14 乡人傩⑤，朝服而立于阼阶⑥。

15 问⑦人于他邦，再拜⑧而送之。

【注释】①"食不语"两句：吃饭的时候不交头接耳地谈论，睡觉时不喋喋不休地说话。钱穆认为这两句用了"互文"的修辞手法，即或食或寝，都应不言不语。《诗·大雅·公刘》传："直言曰言，论难曰语。"《说文解字》同。②齐如：严敬貌，齐通"斋"。③席不正：古代在地上铺席，人坐在席上，席不正指坐席不合礼制。④杖者出：让挂杖者（即老者）先出。⑤傩：古代迎神逐疫鬼的风俗。⑥阼阶：东面的台阶，主人所立之地。⑦问：问讯，问候，古人问候也送礼物。⑧拜：拱手并弯腰。

乡党篇第十

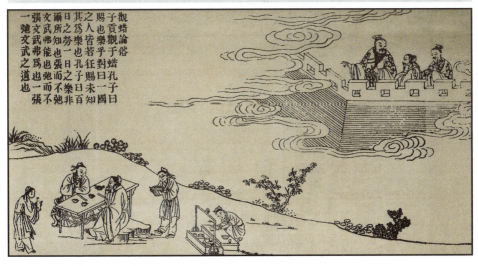

孔子圣迹图之观蜡论俗·佚　名

16 康子馈①药，拜而受之，曰："丘未达②，不敢尝。"

17 厩③焚④。子退朝⑤，曰："伤人乎？"不问马⑥。

18 君赐食⑦，必正席先尝之。君赐腥⑧，必熟而荐⑨之。君赐生，必畜之。

侍食于君，君祭，先饭⑩。

【注释】①馈：赠送。②达：了解。③厩：马棚。④焚：着火。⑤退朝：从朝廷退回家。郑玄曰："自鲁君之朝来归。"⑥不问马：对马的情况不闻不问。朱熹《论语集注》曰："非不爱马，然恐伤人之意多，故未暇问。"⑦君赐食：国君赏赐给食物。此食物，一般认为系熟食，可参照下文之"腥""生"来看。⑧腥：生肉。⑨荐：进奉。⑩先饭：先尝尝饭，古时君主饭前都要有人先尝饭。

孔子圣迹图之馈食欣食·佚　名

19 疾，君视之，东首①，加朝服，拖绅②。

20 君命召，不俟驾行矣③。

21 入太庙，每事问④。

22 朋友死，无所归⑤，曰："于我殡⑥。"

【注释】①东首：面朝东方。②绅：束在腰间的大带。③"君命召"两句：国君有命令召去，不等驾好车就先步行走去。俟：等待。郑玄曰："急趋君命，出行而车驾随之。"钱穆曰："逢君命之召，即徒行而出，俟车已驾，随至，始乘。"④"入太庙"句：孔子进入太庙，对每一件不明白的事情都要向人请教。⑤无所归：没有亲人来料理丧事。⑥于我殡：由我料理丧事。殡指停放灵柩。

圣迹之图之太庙问礼·佚　名

23 朋友之馈①，虽车马，非祭肉，不拜。

24 寝不尸②，居不客③。

25 见齐衰(缞)④者，虽狎⑤，必变⑥。见冕者与瞽⑦者，虽亵⑧，必以貌⑨。凶服者式(轼)⑩之。式(轼)负版⑪者。有盛馔⑫，必变色而作⑬。

【注释】①馈：馈送，赠送东西。②尸：直挺挺地躺着。③居不客：平时闲居不像做客时严肃。④齐衰：孝服。⑤狎：亲近的人。⑥变：改变脸色相见。⑦瞽：眼盲。⑧亵：熟悉的人。⑨以貌：以礼貌相待。⑩式：通"轼"，车前的横木，这里指扶轼。表同情恭敬有礼貌。⑪负版：背负国家图籍。⑫盛馔：丰盛的菜肴。⑬变色而作：变色指神色变动，作指站起来。

孔子圣迹图之受饩分惠·佚 名

迅雷风烈①，必变②。

26 升车③，必正立④，执绥⑤。车中，不内顾⑥，不疾言⑦，不亲指⑧。

27 色⑨斯举⑩矣，翔而後集⑪。曰："山梁雌雉⑫，时哉⑬时哉！"子路共拱⑭之，三嗅昊⑮而作⑯。

【注释】①迅雷风烈：雷霆大风。②变：改变神色。朱熹《论语集注》："必变者，所以敬天之怒。"《礼记·玉藻》："若有疾风、迅雷、甚雨，则必变，虽夜必兴，衣服冠而坐。"③升车：上了车。④正立：端正地站立。⑤绥：上车时挽手所用的绳索。⑥内顾：向後看。⑦疾言：大声说话。⑧亲指：用自己的手指点。⑨色：迹象，情形。⑩斯举：就飞起。⑪集：鸟停树上。⑫雉：野鸡。⑬时哉：生逢其时啊！⑭共：通"拱"。⑮嗅：通"昊"，张两翅之貌。⑯作：飞起来，飞走。

圣蹟图之山梁雌雉·佚　名

先进篇第十一

孔子圣绩图之接舆狂歌图　明·仇　英

与经典同行　与圣人为伍

1 子曰："先进①于礼乐，野人②也；後进③于礼乐，君子④也。如用之，则吾从⑤先进。"

2 子曰："从⑥我于陈、蔡⑦者，皆不及门⑧也。"

3 德行：颜渊、闵子骞、冉伯牛、仲弓。言语：宰我、子贡。政事：冉有、季路。文学⑨：子游、子夏。

【注释】①先进：先行追随学习。②野人：粗鄙的人，这里指未曾有过爵禄的人。③後进：往後才追随学习。④君子：指贵族後裔。⑤从：主张。⑥从：旧读 zòng，跟随。⑦陈、蔡：陈国、蔡国。⑧不及门：不在此门，即不在我门下。⑨文学：指古代文献。

先进篇第十一

孔子圣迹图之圣门四科　清·改琦

❹ 子曰："回也非助我者也①，于吾言无所不说（悦）②。"

❺ 子曰："孝哉，闵子骞！人不间③于其父母昆弟④之言。"

❻ 南容三復⑤白圭⑥，孔子以其兄之子⑦妻⑧之。

【注释】①非助我者：并非对我有所帮助的人。②说：通"悦"。孔安国曰："助，犹益也。言回闻言即解，无所发起增益于己也。"③间：不一致。④昆弟：兄弟，引申为友好亲爱。⑤三復：多次重複。⑥白圭：《诗经·大雅·抑》："白圭之玷，尚可磨也；斯言之玷，不可为也。"⑦子：子女，这里指女儿。⑧妻：以女嫁人，不读 qī。

孔子圣绩图之为儿戏图 明·仇英

与经典同行　与圣人为伍

❼ 季康子问：“弟子孰为好学？”孔子对曰：“有颜回者好学，不幸短命死矣！今也则亡无①。”

❽ 颜渊死，颜路②请子之车以为之椁③。子曰：“才不才④，亦各言其子也⑤。鲤⑥也死，有棺而无椁。吾不徒行⑦以为之椁。以吾从大夫之后⑧，不可徒行也⑨。”

【注释】①亡：通"无"。②颜路：颜回的父亲，孔子的学生，名无繇，字路。③椁：古代棺木两重，里面一重叫棺，外面一重叫椁。④才不才：有才能或没有才能。⑤亦各言其子也：对于我和你来说，也都可说是各自的儿子啊。皇侃曰："言才与不才诚当有异；若各本无属，于其父则同是其子也。"⑥鲤：孔鲤，字伯鱼，孔子之子。⑦徒行：步行，走路。⑧从大夫之后：跟随在大夫后面。⑨不可徒行：按照礼节，不可以出门徒步行走。

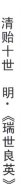

清贻十世　明·《瑞世良英》

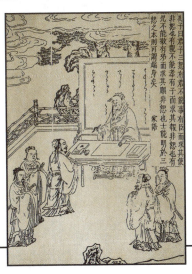

五仪用贤　明·《瑞世良英》

读经诵典　受益匪浅

❾ 颜渊死，子曰："噫①！天丧予②！天丧予！"

❿ 颜渊死，子哭之恸③。从者曰："子恸矣！"曰："有恸乎？非夫人之为恸④而谁为？"

⓫ 颜渊死，门人欲厚葬之。子曰："不可。"门人厚葬之。子曰："回也视予犹父也，予不得视犹子也⑤。非我也，夫二三子也⑥。"

【注释】①噫：伤心痛惜的声音。②天丧予：上天要断绝我的命啊。朱熹《论语集注》："悼道无传，若天丧己也。"③恸：过分悲哀。④非夫人之为恸："非为夫人恸"的倒装形式，夫人指那人。⑤予不得视犹子也：我却不能像对待儿子那样对待他。⑥"非我也"两句：这并非我的主张，是他们几个後生要这么做。朱熹《论语集注》曰："丧具称家之有无，贫而厚葬，不循理也。故夫子止之。"

圣蹟图之脱骖馆人・佚名

与经典同行　与圣人为伍

⑫ 季路问事鬼神①。子曰："未能事人，焉能事鬼？"曰："敢②问死？"曰："未知生，焉知死？"

⑬ 闵子侍侧③，訚訚④如也；子路，行行⑤如也；冉有、子贡，侃侃如也⑥。子乐⑦。"若由也，不得其死⑧然。"

⑭ 鲁人⑨为⑩长府，闵子骞曰："仍旧贯⑪，如之何？何必改作？"子曰："夫人不言，言必有中⑫。"

【注释】①问事鬼神：询问祭祀事奉鬼神的事情。②敢：表敬畏的副词。③侍侧：在孔子身边站立侍奉。④訚訚：恭敬正直的样子。⑤行行：刚强的样子。行不读 xíng、háng。⑥侃侃：孔安国曰："侃侃，和乐之貌。"一般指温和从容的样子。⑦乐：喜形于色，高兴的样子。⑧得其死：当时俗语，即得善终。⑨鲁人：鲁国的执政大臣。⑩为：改建。⑪仍旧贯：沿袭老样子。⑫中：要害。

圣迹之图之
昼息鼓琴·佚名

⑮ 子曰:"由之瑟①奚②为③于丘之门④?"门人不敬子路。子曰:"由也升堂⑤矣,未入于室⑥也。"

⑯ 子贡问:"师与商也孰贤⑦?"子曰:"师也过,商也不及⑧。"曰:"然则师愈与欤?"子曰:"过犹⑨不及。"

【注释】①瑟:古代乐器。②奚:为什么。③为:弹。④丘之门:《说苑·修文篇》:"子路鼓瑟,有北鄙之声。"马融曰:"子路鼓琴,不合雅颂。"⑤升堂:进入厅堂,即做学问的几个阶段,先入门再升堂,後入内室。⑥入于室:到家,升堂後入内室表示学问极好。成语"升堂入室"本于此。⑦贤:才干。⑧朱熹《论语集注》曰:"子张才高意广,而好为苟难,故常过中;子夏笃信谨守,而规模狭隘,故常不及。"⑨犹:像……一样。

孔子圣迹图之二龙五老　明·佚　名

17 季氏富于周公①，而求也为之聚敛而附益之②。子曰："非吾徒也。小子③鸣鼓而攻之，可也。"

18 柴④也愚，参也鲁，师也辟⑤，由也喭⑥。

19 子曰："回也其庶⑦乎！屡空。赐不受命而货殖⑧焉，亿⑨臆则屡中。"

【注释】①周公：孔安国认为此周公指的是孔子时周室"天子之宰"，即泛指在周王朝任职的王族。②聚敛：搜刮。附益：增加。③小子：指孔子学生。④柴：高柴，字子羔，孔子学生。⑤辟：偏激。⑥喭：鲁莽。⑦庶：庶几，差不多，称赞语。⑧货殖：囤积投机。⑨亿：通"臆"，猜测。

孔子圣迹图之观器论道·佚　名

20 子张问善人之道。子曰："不践迹，亦不入于室。"

21 子曰："论笃是与①，君子者乎？色②庄者乎？"

22 子路问："闻斯行诸③？"子曰："有父兄在④，如之何其闻斯行之？"冉有问："闻斯行诸？"子曰："闻斯行之。"

【注释】①论笃是与："与论笃"的倒装，与即赞同，论即言论，笃指笃实。②色：表面。③闻斯行诸：听说了就要实行吗？④有父兄在：父亲兄长都还健在。

孔子圣迹图之猎较从鲁·佚　名

公西华曰："由也问闻斯行诸,子曰'有父兄在';求也问闻斯行诸,子曰'闻斯行之'。赤也惑,敢问。"子曰："求也退,故进之;由也兼人①,故退之。"

23 子畏②于匡,颜渊后③。子曰："吾以女(汝)为死矣!"曰："子在④,回何敢死⑤?"

【注释】①兼人:勇为,即勇于作为。②畏:恐惧,害怕。指在匡遭困后心有馀悸。③后:失落在后面。④子在:老师您都还健在。⑤何敢死:怎么敢于去死。

孔子圣迹图之子畏于匡　明·佚　名

24 季子然①问："仲由、冉求可谓大臣与欤？"子曰："吾以子为异之问，曾②由与求之问。所谓大臣者，以道事君，不可则止。今由与求也，可谓具臣③矣。"

曰："然则从之者与欤？"子曰："弑父与君，亦不从也。"

25 子路使子羔为费鄪④宰⑤。子曰：

【注释】①季子然：季氏族人。②曾：竟，竟然。③具臣：具备为臣的各种条件。④费：同"鄪"，鲁国地名。⑤宰：古代官名。这里应指卿大夫的家臣。

孔子圣迹图之夹谷会盟　明·佚名

与经典同行　与圣人为伍

"贼①夫人之子②！"

子路曰："有民人③焉，有社稷④焉，何必读书，然后为学⑤？"

子曰："是故恶夫佞者。"

㉖ 子路、曾皙⑥、冉有、公西华侍坐。子曰："以吾一日长乎尔，毋吾以也。居⑦则曰：'不吾知也。'如或知尔，则何以哉？"

【注释】①贼：害。②夫人之子：指子羔。孔子认为学而优则仕，子羔学尚未优，仕则有害。③民人：老百姓。④社稷：社是土地神，稷是五谷神，社稷指国家。⑤何必读书，然后为学：为什么必定要通过读书学理论，然后才算得上是学习呢。⑥曾皙：孔子的学生，曾参的父亲，名点。⑦居：平时。

先进篇第十一

孔子圣蹟图之四子侍坐·佚　名

子路率尔①而对曰："千乘之国，摄②乎大国之间，加之以师旅，因之以饥馑③，由也为之，比及④三年，可使有勇，且知方⑤也。"

夫子哂⑥之。

"求，尔何如？"

对曰："方六七十⑦，如⑧五六十，求也为之⑨，比及三年，可使足民⑩。如其礼乐⑪，以俟君子。"

【注释】①率尔：（不加思索地）急忙的样子。②摄：逼近。③饥馑：谷不熟曰饥，菜不熟曰馑，饥馑泛指荒年。④比及：等到。比，旧音 bì，今音 bǐ。⑤方：道义的方向。⑥哂：微笑。马融曰："哂，笑也。"⑦方六七十：长宽各六七十里之地。⑧如：或者。⑨为：治理，管理。⑩足民：民众丰衣足食。孔安国曰："求自云能足民而已，谓衣食是也。"⑪如：至于。

孔子圣蹟图之化行中都·佚名

与经典同行　与圣人为伍

"赤，尔何如？"

对曰："非曰能之①，愿学焉。宗庙之事②，如会同③，端章甫④，愿为小相⑤焉。"

"点，尔何如？"

鼓瑟希（稀）⑥，铿尔⑦，舍瑟而作⑧，对曰："异乎三子者之撰⑨。"

子曰："何伤乎？亦各言其志也。"

【注释】①能之：有能力从政。②宗庙之事：指祭祀。③会同：诸侯会盟叫会，诸侯共同朝见天子叫同。④端章甫：古人用整幅布做的礼服叫玄端，章甫是一种礼帽。⑤相：在会同时的主持人。⑥希：通"稀"。⑦铿：孔安国曰："铿者，投瑟之声。"⑧舍：放下。或者说推开。作：站起来。⑨撰：才干。

先进篇第十一

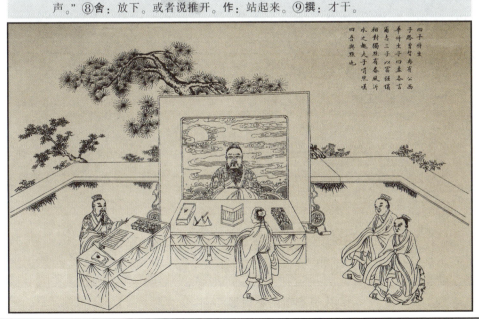

圣迹之图之四子侍坐图·佚　名

曰："莫暮春①者，春服既成②，冠者③五六人，童子六七人，浴乎沂④，风乎舞雩⑤，咏而归⑥。"夫子喟然⑦叹曰："吾与⑧点也！"

三子者出，曾皙後。曾皙曰："夫三子者之言何如？"

子曰："亦各言其志也已矣！"

曰："夫子何哂由也？"

【注释】①莫春：莫同"暮"，莫春指三月。②春服：春日所穿的衣服。③冠者：成人。④沂：水名。⑤舞雩：古时求雨的坛。⑥咏而归：一路唱着歌回来。⑦喟然：长叹的样子。⑧与：赞同。

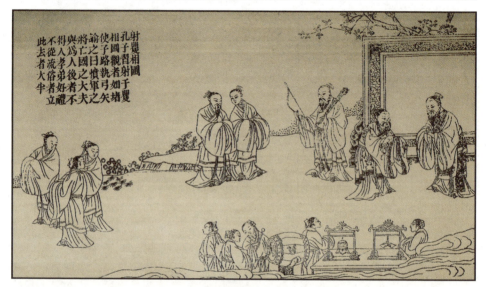

孔子圣蹟图之射矍相圃·佚　名

与经典同行　与圣人为伍

曰:"为国以礼①,其言不让②,是故哂之。"

"唯求则非邦也与③?"

"安见④方六七十,如⑤五六十,而非邦也者?"

"唯赤则非邦也与③?"

"宗庙会同,非诸侯而何?赤也为之小⑥,孰能为之大?"

【注释】①为国以礼:治理国家要以礼为出发点。②让:谦让。③唯:语气助词,置于句首,无实在意义。④安见:怎见得。⑤如:《经传释词》七:"如,犹与也,及也。"⑥小:指小相。

先进篇第十一

孝经图之事君章　宋·马和之

颜渊篇第十二

孔子圣绩图之铭金人图　明·仇　英

与经典同行 与圣人为伍

1. 颜渊问仁。子曰:"克己①復礼②为仁③。一日克己復礼,天下归仁焉。为仁由己,而由人乎哉?"

颜渊曰:"请问其目④?"子曰:"非礼勿视,非礼勿听,非礼勿言,非礼勿动。"

颜渊曰:"回虽不敏,请事⑤斯语矣。"

【注释】①克己:克制自己。②復礼:符合礼制。③为仁:做到这样,则为仁。仁存于心,礼见于行,必内外心行合一始成道,故《论语》常仁礼并言。④目:纲领,条目。⑤事:实行。

孔子圣迹图之颜渊问仁　明·佚　名

颜渊篇第十二

2 仲弓问仁。子曰:"出门如见大宾,使民如承大祭①。己所不欲,勿施于人②。在邦无怨,在家无怨。"仲弓曰:"雍虽不敏,请事斯语矣。"

3 司马牛③问仁。子曰:"仁者,其言也讱④。"

曰:"其言也讱,斯谓之仁已乎?"

子曰:"为之难,言之得无⑤讱乎?"

【注释】①"出门如见大宾"两句:接见贵宾和进行重大的祭祀,都要求谨慎恭敬。②己所不欲,勿施于人:自己所不喜欢的东西,不要强加在别人身上。③司马牛:孔子学生司马耕,字子牛。④讱:言语迟钝。⑤得无:怎能不。

孔子圣迹图之子羔仁恕·佚 名

与经典同行　与圣人为伍

4 司马牛问君子。子曰："君子不忧不惧。"曰："不忧不惧,斯谓之君子已乎?"子曰："内省不疚,夫何忧何惧?"

5 司马牛忧曰："人皆有兄弟,我独亡①。"子夏曰："商闻之矣②:死生有命③,富贵在天④。君子敬而无失⑤,与人恭而有礼,四海⑥之内皆兄弟也。君子何患乎无兄弟也?"

【注释】①亡:通"无"。司马牛:宋国桓魋的兄弟。魋又有兄巢,有弟子欣、子车,一伙人都与魋在宋国作乱。被击败后死的死,逃亡的逃亡。司马牛因受牵连流亡在外。
②闻之矣:听说了。③死生有命:人的生与死都是由天命注定的。④富贵在天:人的财务与地位决定于天,非一己所能控制。⑤敬而无失:严肃谨敬而没有失误。
⑥四海:古代以为中国四周皆有海,故中国叫海内,外国叫海外,四海即天下。

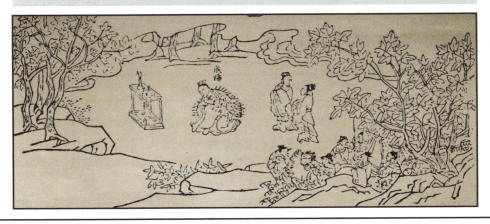

商汤王桑林祷雨　明·《帝鉴图说》

颜渊篇第十二

6 子张问明①。子曰："浸润之谮②,肤受之愬③,不行焉,可谓明也已矣。浸润之谮,肤受之愬,不行焉,可谓远也已矣。"

7 子贡问政。子曰："足食,足兵④,民信之矣⑤。"

子贡曰："必不得已而去⑥,于斯三者何先?"曰:"去兵。"

子贡曰:"必不得已而去,于斯二者何先?"曰:"去食。自古皆有死,民无信不立⑦。"

【注释】①明:明察。②谮:谗言。③愬:同"诉",诬告。④兵:兵器,这里指军备。⑤民信之矣:仓廪实、武备修,然後教化行,能使其民对上有信心。⑥去:去掉。⑦民无信不立:民众对政府没有信任,就无法立国。

唐尧帝谏鼓谤木
明·《帝鉴图说》

8 棘子成①曰："君子质而已矣②，何以文③为④？"子贡曰："惜乎！夫子之说君子也，驷不及舌⑤！文犹质也，质犹文也。虎豹之鞟⑥犹犬羊之鞟。"

9 哀公问于有若曰："年饥，用不足，如之何？"

有若对曰："盍⑦彻⑧乎？"

【注释】①棘子成：卫国大夫。②质而已矣：具备好的品质就行了。③文：文彩。④为：语助词，呢。⑤驷不及舌：言已出口，驷马亦难追回。比喻说话须慎重，切勿失言。驷，古时用四匹马拉的车。舌，指说出口的话。⑥鞟：去掉了毛的皮。⑦盍：何不。⑧彻：十分抽一的税率。

周武王丹书受戒　明·《帝鉴图说》

曰："二①，吾犹不足②，如之何其彻也③？"

对曰："百姓足，君孰与④不足？百姓不足，君孰与足？"

10 子张问崇德辨惑⑤。子曰："主忠信⑥，徙义⑦，崇德也。爱之欲其生，恶之欲其死。既欲其生，又欲其死，是惑也。'诚不以富，亦祗⑧以异⑨。'"

【注释】①二：指十分抽二的税率。②犹不足：还是觉得不足够。③如之何其彻也：怎么还能够实行彻法呢？如之何，怎么。④孰与：怎么。⑤崇德：尊崇道德。辨惑：辨明疑惑。惑，心中有所昏昧不明了。⑥主忠信：以忠诚守信为本。⑦徙义：改变自己的思想使之合乎义。⑧祗：只是。⑨诚不以富，亦祗以异：见于《诗·小雅·我行其野》。

孝经图之卿大夫章　明·佚　名

与经典同行 与圣人为伍

11 齐景公问政于孔子。孔子对曰："君君，臣臣，父父，子子。"公曰："善哉！信如君不君，臣不臣，父不父，子不子，虽有粟，吾得而食诸？"

12 子曰："片言①可以折狱②者，其由也与！"子路无宿诺③。

【注释】①片言：古人也叫单辞，打官司时有原告和被告两方面叫两造，片言即单方面的言辞。②折狱：判决案件。③宿诺：未兑现的诺言。

孔子圣迹图赦父子讼·佚 名

读经诵典　受益匪浅

13 子曰："听讼①，吾犹人②也。必也使无讼乎③！"

14 子张问政④。子曰："居之无倦⑤，行之以忠⑥。"

15 子曰："博学于文，约之以礼，亦可以弗畔⑦矣夫。"

16 子曰："君子成人之美⑧，不成人之恶⑨。小人反是⑩。"

【注释】①听讼：断案。②犹人：与别人相似。犹，与……一样。③使无讼：使人们没有诉讼案件。这是说，通过道德教化，使人们没有诉讼案件。④问政：询问政治事务。⑤居之：一说居官或居位，一说居心。无倦：指日常工作中不懈怠。⑥行之：行事。忠：忠心耿耿。⑦畔：通"叛"，指违道。⑧成：帮助促成。美：善。⑨《穀梁传》隐公元年："《春秋》成人之美，不成人之恶。"⑩小人反是：小人与此正好相反。

圣迹之图之景公尊让·佚名

146

与经典同行　与圣人为伍

17 季康子问政于孔子。孔子对曰："政者，正也①。子帅②以正，孰敢不正③！"

18 季康子患④盗，问于孔子。孔子对曰："苟子之不欲⑤，虽赏之⑥不窃。"

19 季康子问政于孔子曰："如杀无道⑦，以就有道⑧，何如？"孔子对曰："子为政⑨，焉用杀？子欲善，

【注释】①正：正道。或曰端正。②帅：通"率"，带头。③《礼记·哀公问篇》："公曰：敢问何谓为政？孔子对曰：政者正也。君为正，则百姓从政矣；君之所为，百姓之所从也。"④患：苦于。⑤不欲：无贪欲。《说苑·贵德篇》："上之变下，犹风之靡草也。民之盗窃，正由上之多欲；故夫子以'不欲'勖康子也。"⑥之：指盗贼。⑦如：如果。无道：无道之人，不行仁道的坏人。⑧就：成就，成全。⑨为政：从事政治事务。

颜渊篇第十二

孔子圣迹图之　币迎归鲁　明·佚名

而民善矣。君子之德风①,小人之德草。草上之风②,必偃③。"

20 子张问:"士何如斯可谓之达矣④?"子曰:"何哉,尔所谓达者?"子张对曰:"在邦必闻⑤,在家⑥必闻。"子曰:"是闻也⑦,非达也。夫达也者,质直而好义⑧,察言⑨而观色⑩,虑以下人⑪。在邦必达,

【注释】①德风:德行好比是风。②之风:之为到,之风即刮风。③偃:伏倒为仆,仰倒为偃,即倒伏。④达:显达,或曰通达。刘宝楠曰:"所谓忠信笃敬、蛮貊可行,即达义也。"⑤闻:有名望。⑥家:大夫家。⑦闻:此指于人的外在方面窃取名闻。⑧质直:品质正直。好义:爱好礼义。⑨察言:仔细推敲其说的话。⑩色:外表。⑪虑以天下:总是存在着对他人谦让之心。下人,居于人下,指对人谦恭。

夏禹王揭器求言图　明·《帝鉴图说》

在家必达。夫闻也者，色取仁而行违①，居②之不疑。在邦必闻，在家必闻。"

21 樊迟从游于舞雩之下③，曰："敢问崇德、修慝④、辨惑。"子曰："善哉问！先事后得⑤，非崇德与欤⑥？攻其⑦恶，无攻人之恶⑧，非

【注释】①色取仁：外表好像是志于仁的。行违：实际行动和外在表面相反。②居：自居。③从游：跟随游览。舞雩：舞雩台。何晏《论语集解》引包咸曰："舞雩之处，有坛墠树木，故下可游焉。"④修：修除。慝：未表露之怨恨。修慝，消除恶念。孔安国曰："慝，恶也；修，治也。（修慝）治恶为善。"朱熹《论语集注》引胡氏注："慝之字从心从匿，盖恶之匿于心者。修者，治而去之。"⑤先事后得：先致力于事情，而把功劳利禄放在后面。⑥皇侃《论语》疏引范宁云："物莫不避劳处逸。今以劳事为先，得事为後，所以崇德也。"⑦其：自己。⑧《卫灵公篇》："躬自厚而薄责于人，则远怨矣。"这两句与"攻其恶，无攻人之恶"意思类似。

圣迹之图之舞雩从游·佚　名

修慝与欤?一朝之忿,忘其身①,以及其亲,非惑与欤?"

㉒ 樊迟问仁。子曰:"爱人②。"问知智。子曰:"知③人④。"樊迟未达⑤。子曰:"举⑥直错⑦措诸枉⑧,能使枉者直。"樊迟退,见子夏,曰:"乡向⑨也吾见于夫子而问知智,子曰'举直错诸枉,能使枉者直',何谓也?"子夏曰:"富哉言

【注释】①其身:自己。②爱人:爱护、爱惜他人。③知:了解。④人:《大戴礼·玉言篇》:"孔子曰,仁莫大于爱人,知者莫大于知贤。"⑤未达:未能明白。⑥举:推举。⑦错:通"措",置于……之上。⑧举直错诸枉:以积材为喻。举直材压乎枉材之上,枉树亦自直。⑨乡:通"向",刚才。

商汤王解纲施仁 明·《帝鉴图说》

与经典同行　与圣人为伍

乎！舜有天下，选于众，举皋陶①，不仁者远矣。汤有天下，选于众，举伊尹②，不仁者远矣。"

23 子贡问友③。子曰："忠告④而善道之⑤，不可⑥则止，毋自辱焉⑦。"

24 曾子曰："君子以文会友⑧，以友辅仁⑨。"

[注释] ①皋陶：舜的臣子。②伊尹：汤的辅相。③问友：询问交友之道。④告：劝告。⑤善道：对朋友进忠告的话尽量委婉。⑥不可：不听从。⑦自辱：自取侮辱。⑧以文会友：通过文事活动来结交朋友。钱穆认为："文者，礼乐文章。"⑨辅：辅助成就。

孔子圣绩图之问礼老聃图　明·仇英

子路篇第十三

孔子圣坛讲学图 明·吴彬

与经典同行　与圣人为伍

1 子路问政。子曰："先之①劳之②。"请益③。曰："无倦④。"

2 仲弓为季氏宰，问政。子曰："先有司⑤，赦⑥小过，举贤才。"曰："焉知贤才而举之？"子曰："举尔所知。尔所不知，人其舍诸⑦？"

【注释】①先之：同下文"先有司"，即先分工，有司即各有所司。②劳之：为广大人民办事情，应当不避劳苦。③益：多（讲）。④无倦：不要倦怠。指按照这些所说的去做，不要倦怠。⑤先有司：有司，负责管理各种具体事务的官吏。《仪礼·士冠礼》郑注："有司，群吏有事者。"先有司，先让有司各负其责。何晏《论语集解》引王肃注云："官为政者先任有司，而後责其事。"⑥赦：宽恕，不计较。⑦人其舍诸：别人会埋没他吗？

子路篇第十三

圣迹图之齐景公问政·佚　名

读经诵典　受益匪浅

3 子路曰："卫君①待子而为政，子将奚先？"

子曰："必也正名②乎！"

子路曰："有是哉，子之迂③也！奚其正④？"

子曰："野⑤哉，由也！君子于其所不知，盖阙如⑥也。名不正，则言不顺；言不顺，则事不成；事不成，则礼乐不兴；礼乐不兴，则刑

【注释】①卫君：卫出公辄。卫灵公孙。其父蒯聩被卫灵公驱逐出国。卫灵公死後，蒯聩继位。蒯聩这时要回国争夺君位，遭到蒯辄拒绝。但聩在晋国协助下夺回君位，辄出奔。②正名：使名分正。③迂：远也，指远离现实。④奚其正：这有什么好辨正的。⑤野：鄙陋。⑥阙如：阙同"缺"，如是词尾，阙如指存疑，即阙而不论。

孔子圣蹟图武城弦歌·佚　名

罚不中^①；刑罚不中，则民无所错[措]手足^②。故君子名之必可言也^③，言之必可行也^④。君子于其言，无所苟^⑤而已矣。"

4 樊迟请学稼^⑥。子曰："吾不如老农。"请学为圃^⑦。曰："吾不如老圃。"樊迟出。子曰："小人哉，樊须也！上好礼，则民莫敢不敬；上好义，则民莫敢不服；上好信，则

【注释】①不中：不当。②无所措手足：不知道如何是好。③名之必可言：确定一个名称，必定有理由可说。④言之必可行：说了必定能够施行。⑤苟：不严肃，与敬相对。⑥稼：种庄稼。⑦为圃：种植果木瓜菜。

孔子圣迹图之归田谢过　明·佚　名

民莫敢不用情①。夫如是，则四方之民襁负其子而至矣②，焉用稼？"

5 子曰："诵《诗》三百，授之以政，不达；使于四方，不能专对③；虽多④，亦奚以为⑤？"

6 子曰："其身正⑥，不令而行；其身不正，虽令不从。"

【注释】①用情：情，情实。用情，以真心实情对待。②襁：本作繈。繈是绑结小儿于背部的带子。一般多繈緥连用（緥，小儿衣；俗多作褓），指背负婴儿的用具。③专对：古代人受命不受辞，随机应变即专对。④虽多：即使学得再多。⑤奚以为：有何用，奚即何，以即用。为是语气助词。⑥其：代词。一般认为，代指的是处于上位的执政者。

圣迹图之灵公郊迎·佚　名

与经典同行　与圣人为伍

7 子曰："鲁卫之政，兄弟也。"

8 子谓卫公子荆①，"善居室②。始有，曰：'苟③合④矣。'少有，曰：'苟完矣。'富有，曰：'苟美矣。'"

9 子适⑤卫，冉有仆⑥。子曰："庶⑦矣哉！"

冉有曰："既庶矣⑧，又何加焉⑨？"曰："富之⑩。"曰："既富矣，又何加焉？"曰："教之⑪。"

【注释】①卫公子荆：卫献公的儿子，字南楚。②善居室：善于居家过日子。③苟：差不多。④合：足够。⑤适：到。⑥仆：驾御车马。⑦庶：人口多。⑧既：已经。⑨又何加焉：还要再进一步做什么呢。⑩富：使动用法。使……富裕。⑪教：教育。

孔子圣迹图之退修诗书　明·佚　名

10 子曰："苟有用我者①，期月②而已可也③，三年有成④。"

11 子曰："'善人为邦百年，亦可以胜残⑤去杀⑥矣'。诚哉是言也⑦！"

12 子曰："如有王者⑧，必世⑨而後仁⑩。"

13 子曰："苟正其身矣⑪，于从政乎何有⑫？不能正其身，如正人何⑬？"

【注释】①苟：如果。②期月：一整年。③可：这里是仅仅可以而还有不足的意思。④有成：有成效。⑤胜残：克服残暴。朱熹《论语集注》曰："胜残，化残暴之人使不为恶也；去杀，谓民化于善，可以不用刑杀也。盖古有是言而夫子称之。"⑥去杀：免除虐杀。⑦从"善人"至"去杀矣"，十四个字，用了单引号，是认为这两句引用了古语。也有人说，"诚哉是言也"乃是後世读者的批语，後来混入正文。⑧王者：能行王道以治理天下的人。⑨世：三十年为一世。⑩仁：动词。行仁政。或曰，使仁道通行天下。⑪正其身：端正自己本身。⑫于从政乎何有：对于治理政事还有什么难处呢。⑬如正人何：怎么端正别人。

圣迹图之政化中都·佚　名

14 冉子退朝。子曰："何晏^①也？"对曰："有政^②。"子曰："其事也^③。如有政，虽不吾以^④，吾其与^⑤闻之。"

15 定公问："一言而可以兴邦，有诸？"孔子对曰："言不可以若是其几^⑥也。人之言曰：'为君难，为臣不易。'如知为君之难也，不几乎^⑦一言而兴邦乎？"

【注释】①晏：晚，迟。②有政：有政务要处理。③其事也：大概是一般的事务吧。④不吾以：不以吾的倒装。以，用。⑤与：参预。⑥若是其几：如此简单。⑦几乎：近于。

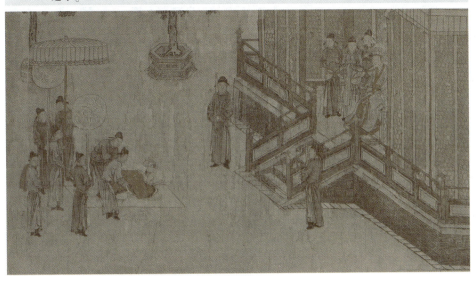

孝经图之天子章　宋·马和之

曰："一言而丧邦，有诸？"孔子对曰："言不可以若是其几也。人之言曰：'予无乐乎为君，唯其言而莫予违①也。'如其善而莫之违也，不亦善乎？如不善而莫之违也，不几乎一言而丧邦乎②？"

16 叶公问政。子曰："近者说(悦)，远者来③。"

【注释】①莫予违："莫违予"的倒装，下文"莫之违"同此。②一言：即"乐乎……莫予违"这一言。③来：来投奔。钱穆曰："近者悦其政泽，故远者闻风来至。"

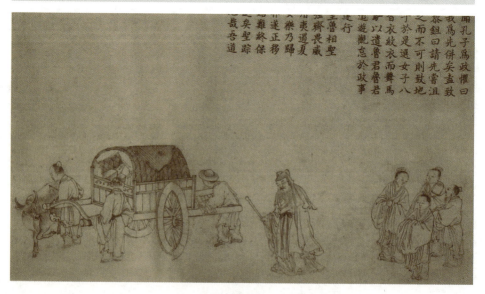

圣迹图之因膰去鲁　明·张楷

与经典同行　与圣人为伍

17 子夏为莒父①宰，问政。子曰："无欲速②，无见小利③。欲速则不达④，见小利则大事不成。"

18 叶公语孔子曰："吾党⑤有直躬者⑥，其父攘⑦羊，而子证⑧之。"孔子曰："吾党之直者异于是。父为子隐，子为父隐⑨，直在其中⑩矣。"

【注释】①莒父：鲁国一邑。郑玄曰："旧说云，莒父，鲁下邑。"一般认为其地约今山东沂南与莒县之间。②无：通"毋"，劝止用语。欲速：图谋速成。③小利：此处当指局部小小的利益，是对总体大局没有好处的小利。④达：达到目的。⑤党：乡党，五百户为一党。⑥直躬者：正直的人。⑦攘：偷。朱熹《论语集注》曰："有因而盗曰攘。"这是说，因为羊跑到自己的庭院而将之占据为己有。⑧证：告发。⑨隐：隐瞒。⑩直在其中：直指孝和慈。

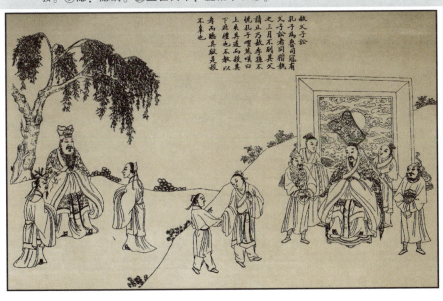

圣迹之图之赦父子讼·佚 名

子路篇第十三

19 樊迟问仁。子曰:"居处恭①,执事敬②,与人忠③。虽之④夷狄⑤,不可弃也⑥。"

20 子贡问曰:"何如斯可谓之士矣?"子曰:"行己有耻⑦,使于四方,不辱君命,可谓士矣。"曰:"敢问其次?"曰:"宗族称孝焉,乡党称弟(悌)焉。"

【注释】①居处恭:日常生活恭谨而不放肆。②执事敬:指在事业上敬业。③与人忠:和他人交往衷心真诚。或曰,对待他人忠厚。④之:到。⑤夷狄:未开化的边远少数民族地区。⑥弃:对这几个原则弃置不理。包咸曰:"虽之夷狄无礼仪之处,犹不可弃去而不行。"⑦行己有耻:人有羞耻心,凡认为可耻的事就不去做。这个"耻"可说是"止"。上古时期"耻"和"止"一般可通用。"止",同于《诗·相鼠》之"止":"相鼠有齿,人而无止。人而无止,不死何俟!"

圣迹图之宋人伐木　明·张楷

与经典同行　与圣人为伍

曰："敢问其次？"曰："言必信，行必果①，硁硁然②小人哉！——抑亦可以为次矣。"

曰："今之从政者何如？"子曰："噫！斗筲③之人，何足算也？"

21 子曰："不得中行而与之④，必也狂狷⑤乎！狂者进取，狷者有所不为也⑥。"

【注释】①果：果断，坚决。②硁硁然：硁硁即敲击石头的声音，形容像石块那样坚硬顽固的样子。③斗筲：斗是古代量名，筲是古代饭筐，斗筲比喻度量和见识狭小。④不得中行而与之：得不到行为合乎中庸的人与之交往。中行，指行为合乎中庸的人。包咸曰："中行，行皆得其中者。言不得中行，则欲得狂狷也。"朱熹《论语集注》曰："行，道也。"⑤狂狷：狂是激进，狷者守节无为，狂狷即激进与保守，泛指偏激。⑥朱熹《论语集注》曰："狂者，志极高而行不掩；狷者，知未及而守有馀。"

圣迹之图之孔子延医·佚　名

22 子曰:"南人有言曰①:'人而无恒②,不可以作巫医③。'善夫!""不恒其德④,或承之羞⑤。"子曰:"不占⑥而已矣。"

23 子曰:"君子和而不同⑦,小人同而不和。"

【注释】①南人:南方人。②恒:有恒心,始终如一。③巫医:古代以卜筮之术替人治疗之人。④不恒其德:不能始终如一地保持自己的道德操守。⑤承之羞:遭受羞辱。⑥占:占卜。⑦"和"与"同":和即和谐,同即结党。朱熹《论语集注》曰:"和者,无乖戾之心;同者,有阿比之意。"钱穆曰:"和者无乖戾之心,同者有阿比之意。君子尚义,故有不同。小人尚利,故不能和。或说,和如五味调和成食,五声调和成乐,声味不同,而能相调和。同如以水济水,以火济火,所嗜好同,则必互争。"

圣迹之图之子贡辞行·佚 名

24 子贡问曰:"乡人皆好之,何如?"子曰:"未可也。"

"乡人皆恶之,何如?"子曰:"未可也。不如乡人之善者好之,其不善者恶之。"

25 子曰:"君子易事①而难说(悦)②也。说(悦)之不以道,不说(悦)也③;及其使人也,器④之。小人难事⑤而易说(悦)

【注释】①易事:容易做事。②难说:难以讨其欢喜。③钱穆曰:"君子悦人之有道,故无道之人不易得君子之欢悦。"④器:衡量。⑤难事:难以与之共事,或曰难以侍奉。

孔子圣迹图之子贡辞行·佚　名

也。说(悦)之虽不以道,说(悦)也;及其使人也①,求备焉②。"

26 子曰:"君子泰③而不骄,小人骄而不泰④。"

27 子曰:"刚、毅、木、讷⑤近仁。"

28 子路问曰:"何如斯可谓之士矣⑥?"子曰:"切切偲偲⑦,怡怡⑧

【注释】①使人:用人做事。②求备:求全责备。③泰:舒泰。④骄而不泰:钱穆曰:"小人矜己傲物,惟恐失尊,心恒戚戚,故骄而不泰。"⑤刚、毅、木、讷:刚强、果决、朴质、言语不轻易出口。⑥何如:怎么样。斯:犹则、乃。⑦切切偲偲:互相勉励、督促的样子。⑧怡怡:和顺的样子。

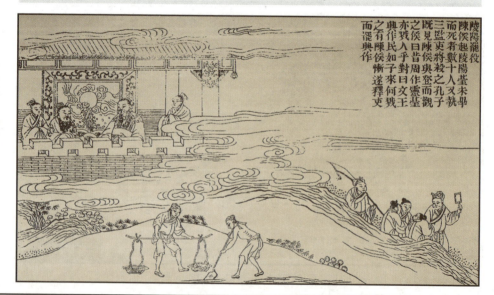

孔子圣迹图之陵阳罢役·佚 名

如也^①，可谓士矣。朋友切切偲偲，兄弟怡怡。"

29 子曰："善人教民七年^②，亦可以即戎^③矣。"

30 子曰："以^④不教民^⑤战，是谓弃之^⑥。"

【注释】①如：古汉语形容词後缀，表示某种状态。②教：教育，教导。朱熹《论语集注》曰："教民者，教之孝悌忠信之行，务农讲武之法。民知亲其上，死其长，故可以即戎。"③即戎：即是去接近，戎指兵戎，即戎即去作战。④以：用。⑤不教民：未经训练之民。⑥弃民：抛弃民众。

孔子圣绩图之堕三都图 明·仇英

宪问篇第十四

孔子圣迹图　清·周秉贞

此图孔子方面密髯，俯身拱手，席地而坐，神情恭肃；国君和颜悦色，静坐在孔子对面的红木椅上，作侧耳聆听状。国君身后三五随臣，交头接耳。此图所绘为孔子周游列国，游说诸国君的典故。

与经典同行　与圣人为伍

1 宪①问耻②。子曰："邦有道，穀③；邦无道，穀，耻也④。"
"克⑤、伐⑥、怨⑦、欲⑧不行焉，可以为仁矣⑨？"子曰："可以为难⑩矣，仁则吾不知也。"

2 子曰："士而怀居⑪，不足以为士矣。"

3 子曰："邦有道，危⑫言危行；邦无道，危行言孙⑬。"

宪问篇第十四

【注释】①宪：原宪，孔子的弟子。②《史记·仲尼弟子列传》作"子思问耻"。③穀：禄，做官领薪俸。④耻：可耻。⑤克：好胜。⑥伐：自夸。⑦怨：怨恨。⑧欲：贪欲。⑨为：通"谓"。下同。⑩难：难得。⑪怀居：留恋安逸。⑫危：正，正直。⑬行：旧音 xìng，现今多读 xíng。孙：通"逊"，谦顺。

圣迹图之退修诗书　明·张　楷

4 子曰："有德者必有言，有言者不必有德。仁者必有勇，勇者不必有仁。"

5 南宫适①问于孔子曰："羿②善射，奡③荡舟④，俱不得其死然⑤。禹稷⑥躬稼而有天下。"夫子不答。南宫适出，子曰："君子哉若人⑦！尚德哉若人⑧！"

【注释】①南宫适：孔子学生南容。②羿：古代传说善射之人。③奡：夏代寒浞的儿子，又作浇。④荡舟：用舟师作战。⑤俱：都。不得其死：不得好死。然：此处之"然"犹"焉"字，连上句读，作词尾。⑥禹稷：禹为夏朝的开国之君，善于治水，发展农业。稷是传说的周朝祖先，教民种庄稼。⑦若人：这个人。⑧尚德：崇尚道德。

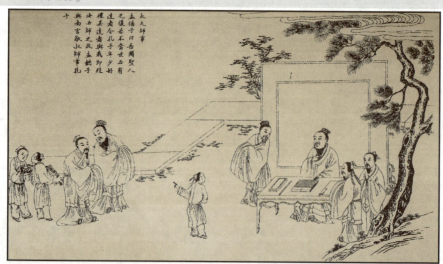

圣迹之图之大夫师事·佚 名

与经典同行　与圣人为伍

6 子曰："君子而不仁者有矣夫①！未有小人②而仁者也！"

7 子曰："爱之，能勿劳③乎？忠焉，能勿诲④乎？"

8 子曰："为命⑤，裨谌⑥草创之，世叔⑦讨论⑧之，行人子羽⑨修饰之，东里子产⑩润色之。"

【注释】①君子而不仁者：指君子中之不仁者。另说指君子而有时不仁。②小人：无德者。③劳：担心，操劳。④诲：劝告。⑤命：外交辞令。⑥裨谌：郑国大夫。⑦世叔：《左传》称作子太叔，名游吉。⑧讨论：讨为研究，论为评论，即提意见，不是与别人研究。⑨行人子羽：行人是外交官，子羽即公孙挥。⑩东里子产：东里，地名，子产居所。

圣迹图之楛矢贯隼　明·张　楷

9 或问子产，子曰："惠人也①。"
问子西②，曰："彼哉！彼哉③！"
问管仲，曰："人也④。夺伯氏⑤骈邑⑥三百，饭疏食⑦，没齿⑧无怨言。"

10 子曰："贫而无怨难，富而无骄易⑨。"

11 子曰："孟公绰⑩为赵魏老⑪则优⑫，不可以为滕薛⑬大夫。"

【注释】①惠人：能给人带来恩惠的人。②子西：子产的同宗兄弟，公孙夏。③彼哉：他啊，他呀。马融曰："彼哉彼哉，言无足称。"④人也：这个人啊。⑤伯氏：齐国大夫。⑥骈邑：地名。⑦饭疏食：吃的是粗粮。食，古音 sì，现今一般读作 shí。⑧没齿：到老死。⑨"无怨""无骄"：都是做人的修养。劳苦贫困的人难以平衡心理，富有闲适的人易遵循礼节。⑩孟公绰：鲁国大夫。⑪老：古代大夫的家臣称老。⑫优：优裕，即游刃有馀。⑬滕薛：滕国和薛国。

圣迹图之读书有感·佚 名

12 子路问成人①。子曰:"若臧武仲②之知【智】、公绰之不欲③、卞庄子④之勇、冉求之艺⑤,文之以礼乐⑥,亦可以为成人矣。"曰:"今之成人者何必然⑦?见利思义⑧,见危授命⑨,久要⑩【约】不忘平生之言,亦可以为成人矣。"

【注释】①成人:人格健全的完人。②臧武仲:鲁国大夫臧孙纥。③不欲:少贪欲,指廉洁。④卞庄子:鲁国的勇士。⑤艺:多才多艺。⑥文之以礼乐:加上礼乐修养使之富于文采。或曰文指修饰,指通过礼乐修养来修饰。⑦何必然:何必一定这样。⑧见利思义:见到利己的私利能想到大义。⑨授命:交出生命。⑩要:通"约",贫困。

卞庄刺虎 清·吴友如

13 子问公叔文子①于公明贾②，曰："信乎，夫子③不言，不笑，不取④乎？"公明贾对曰："以⑤告者过也。夫子时⑥然后言，人不厌其言；乐然后笑，人不厌其笑；义然后取，人不厌其取。"子曰："其然⑦！岂其然⑧乎？"

14 子曰："臧武仲以防⑨求为后于鲁⑩，虽曰不要⑪君，吾不信也。"

【注释】①公叔文子：卫国大夫。"贾"字读音，有人认为读 gǔ（如金良年《论语译注》）。我们这里倾向于读 jiǎ。②公明贾：卫国人。③夫子：指公叔文子。④不取：不取钱财。⑤以：此，这个。⑥时：适当的时候。⑦其然：原来这样。⑧岂其然：怎么会这样。⑨防：防城，臧武仲之封地。⑩为后：为他确立封爵继承人。⑪要：要挟。

孔子圣迹图之景公尊让·佚名

15 子曰："晋文公①谲②而不正,齐桓公③正而不谲。"

16 子路曰："桓公杀公子纠④,召忽⑤死之⑥,管仲不死。"曰："未仁乎⑦?"子曰："桓公九合⑧诸侯,不以兵车⑨,管仲之力也⑩。如其仁⑪!如其仁!"

【注释】①晋文公:即重耳,春秋五霸之一。②谲:欺诈。③齐桓公:名小白,春秋五霸之一。④公子纠:齐桓公的哥哥。⑤召忽:公子纠的师傅。⑥死之:为之死,即殉难。⑦未仁乎:(管仲)没有仁德吗?⑧九合:多次会盟。⑨兵车:指武力。⑩力:功绩,功劳。⑪如其仁:这就是他的仁。

圣迹之图之西河返驾·佚 名

17 子贡曰："管仲非仁者与？桓公杀公子纠，不能死①，又相之②。"子曰："管仲相桓公，霸诸侯，一匡天下③，民到于今受其赐④。微⑤管仲，吾其被发左衽⑥矣。岂若匹夫匹妇之为谅⑦也，自经⑧于沟渎⑨而莫之知也。"

18 公叔文子之臣大夫僎⑩，与文子同升诸公⑪。子闻之，曰："可以为'文'⑫矣！"

【注释】①死：为公子纠而英勇死去。②相之：辅佐桓公。或曰：做桓公的国相。③一匡天下：匡，匡正，整顿。朱熹《论语集注》曰："匡，正也。"④赐：利益，好处。⑤微：（假若）没有。⑥被发左衽：被同"披"，衽是衣襟，左衽即衣襟左掩，被发左衽是当时夷狄的风俗，指野蛮。⑦谅：信用。⑧自经：自缢。⑨沟渎：渎指小渠，沟渎即指沟渠。⑩僎：人名，公叔文子的家臣。⑪升诸公：升为公朝的大夫。诸，于。公，公朝。⑫为文：谥号为"文"。

圣迹图之夹谷会齐　明·佚名

19 子言卫灵公之无道也①，康子曰："夫如是，奚而不丧②？"孔子曰："仲叔圉③治宾客④，祝鮀⑤治宗庙⑥，王孙贾治军旅⑦。夫如是，奚其丧？"

20 子曰："其言之不怍⑧，则为之也难⑨。"

【注释】①卫灵公：名元，卫襄公的庶子，公元前534—前493年在位。②奚而：犹云奚为，为什么。不丧：不失其位。③仲叔圉：即孔文子。④治：治办，接待。⑤祝鮀：卫国大夫。⑥治：治理，管理。⑦王孙贾：春秋时期卫国大夫。治：整治，统领。⑧怍：惭愧。⑨为之也难：所作所为就不会是容易的。

孔子圣迹图之適卫击磬　明·佚　名

21 陈成子①弑简公②。孔子沐浴而朝③，告于哀公曰："陈恒弑其君，请讨④之。"公曰："告夫三子⑤。"孔子曰："以吾从大夫之后⑥，不敢不告也。君曰'告夫三子'者！"之⑦三子告，不可⑧。孔子曰："以吾从大夫之后，不敢不告也。"

22 子路问事君。子曰："勿欺也⑨，而犯⑩之。"

【注释】①陈成子：即陈恒。②简公：齐简公，名壬。③沐浴而朝：斋戒沐浴后上朝，以示慎重。沐是洗头，浴是洗身，凡斋必沐浴。刘宝楠曰："礼于常朝不齐（斋）；此重其事，故先齐也。"④讨：讨伐，攻打。⑤三子：指季孙、仲孙、孟孙三人。⑥从大夫之后：跟从在大夫的后面。意思是说做过大夫。⑦之：到。⑧不可：不肯（讨之）。⑨欺：欺骗。⑩犯：冒犯，触犯，即犯颜谏争。

圣迹之图之沐浴请讨·佚名

23 子曰："君子上达①，小人下达②。"

24 子曰："古之学者为己，今之学者为人③。"

25 蘧伯玉④使人于孔子⑤。孔子与之坐而问焉⑥，曰："夫子何为？"对曰："夫子欲寡其过⑦而未能也。"使者出。子曰："使乎！使乎！"

【注释】①上达：达于仁义。②下达：达于财利。③为己、为人：为己是为了充实提高自己，使自己在道德学问上有所长进提高；为人是为了给别人看，让别人知道。因此为己能身体力行，为人则只会夸夸其谈。④蘧伯玉：卫国大夫，名瑗，孔子在卫国时曾住过他家。⑤使人于孔子：派人拜访孔子。⑥与之坐：指孔子和他坐在一起。⑦寡其过：尽量少犯过错。

圣迹图之适卫击磬·佚　名

26 子曰："不在其位，不谋①其政。"
曾子曰："君子思不出其位②。"

27 子曰："君子耻其言而过③其行。"

28 子曰："君子道者三④，我无能焉：仁者不忧，知（智）者不惑，勇者不惧。"子贡曰："夫子自道⑤也。"

29 子贡方谤⑥人。子曰："赐也贤⑦乎哉？夫我则不暇⑧。"

【注释】①谋：参与，过问。②君子思不出其位：君子总是考虑不做超出他自己职位的事。③过：超过。④道者三：行为准则有三个方面。⑤自道：对自己的总结。⑥方：通"谤"，即议论别人的长短。⑦贤：德行，才能。⑧暇：空闲，闲暇。

圣迹之图之观象知雨·佚名

与经典同行　与圣人为伍

30 子曰："不患①人之不己知,患其不能也②。"

31 子曰："不逆诈③,不亿臆④不信⑤,抑亦先觉⑥者,是贤乎⑦!"

32 微生亩⑧谓孔子曰："丘何为是⑨栖栖⑩者与欤?无乃为佞⑪乎?"孔子曰："非敢为佞也,疾固⑫也。"

宪问篇第十四

【注释】①患:担心。②患其不能也:皇侃《论语义疏》作"患己无能也"。由此看出"其"在这里意思同"己"。古书中"其"常常有"己"之义。③逆诈:事先猜疑别人的存心欺诈。④亿:通"臆",猜想。⑤不信:(别人的)不诚实。⑥觉:发现。⑦是贤乎:这就是贤人吧。朱熹《论语集注》曰:"逆,未至而迎之也。亿,未见而意之也。诈,谓人欺己。不信,谓人疑己。抑,反语辞。言虽不逆不亿,而于人之情伪自然先觉,乃为贤也。"⑧微生亩:姓微生,名亩。⑨是:如此。⑩栖栖:忙碌的样子。⑪无乃为佞:无非是花言巧语。⑫疾固:疾恨顽固不化的人。

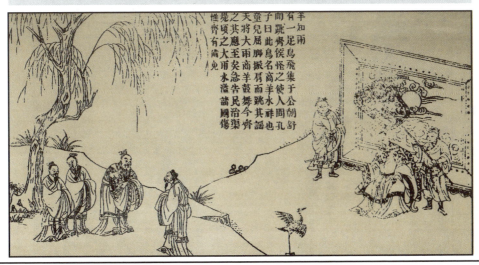

孔子圣蹟图之商羊知雨·佚　名

33 子曰："骥①不称其力，称其德也②。"

34 或曰："以德报怨，何如？"子曰："何以报德？以直③报怨，以德报德。"

35 子曰："莫我知也夫！"子贡曰："何为其莫知子也？"子曰："不怨天，不尤④人，下学而上达⑤。知我者其天乎⑥！"

【注释】①骥：千里马。②德：郑玄曰："德者，调良之谓。"调良指调教得温顺良好。③直：公正无私。④尤：责备。⑤下学而上达：谓学习人情事理，进而认识自然的法则。⑥其天乎：孔子之学先由于知人，此即下学。渐达而至于知天，此谓上达。学至于知天，乃叹惟天为知我。

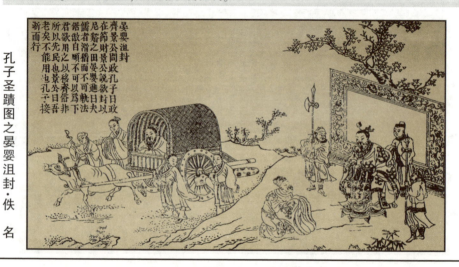

孔子圣迹图之晏婴沮封·佚名

36 公伯寮①愬②子路于季孙。子服景伯③以告④,曰:"夫子⑤固有惑志于公伯寮⑥,吾力犹能肆诸市朝⑦。"子曰:"道之将行也与欤⑧?命也;道之将废也与欤?命也。公伯寮其如命何⑨!"

37 子曰:"贤者辟避⑩世,其次辟避地,其次辟避色,其次辟避言。"
子曰:"作者七人⑪矣。"

【注释】①公伯寮:孔子弟子,字子周。②愬:通"诉",诽谤。③子服景伯:鲁大夫,名何。④告:告知孔子。⑤夫子:指季孙氏。⑥固有惑志于公伯寮:已经被公伯寮所迷惑。⑦市朝:古代把罪人之尸示众于市集。⑧将行:将会得到推行。⑨其如命何:能把天命怎么样。⑩辟:通"避",躲避。⑪七人:传说中的七位贤人隐士:伯夷、叔齐、虞仲、夷逸、朱张、柳下惠、少连。

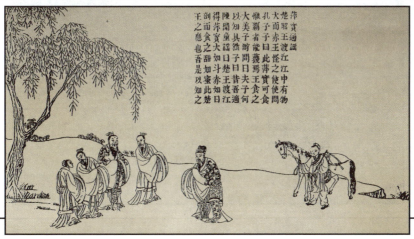

孔子圣迹图之萍实通谣·佚名

38 子路宿于石门①。晨门曰②："奚自③?"子路曰："自孔氏④。"曰："是知其不可而为之者与⑤?"

39 子击磬⑥于卫。有荷蒉⑦而过孔氏之门者，曰："有心哉，击磬乎!"既而曰："鄙哉，硁硁⑧乎!莫己知也，斯己⑨而已矣。深则厉⑩，浅则揭⑪。"子曰："果哉!末之难矣。"

【注释】①石门：鲁城外门。②晨门：掌管城门开闭的人。朱熹《论语集注》曰："晨门，掌晨启门，盖贤人隐于抱关者也。"③奚自：从哪里来。④自孔氏：从孔老先生那里来。刘宝楠曰："子路时自鲁外出，晚宿石门也。"⑤知其不可而为之：言外之意是世不可为，是外在的客观条件，是天意。⑥磬：一种打击乐。⑦荷蒉：担负着草筐。⑧硁硁：击磬的声音。⑨斯己：只为自己。⑩深则厉：水深则和衣而涉水过河。厉是和衣而涉水。⑪浅则揭：水浅则提起衣襟涉水过河。揭则是撩起衣裳。

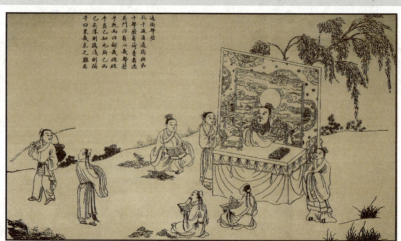

圣迹之图之适卫击磬·佚名

与经典同行　与圣人为伍

40 子张曰："《书》①云：'高宗②谅阴③，三年不言④。'何谓也？"子曰："何必高宗，古之人皆然，君薨⑤，百官总己⑥，以听于冢宰⑦三年。"

41 子曰："上好礼，则民易使也。"

42 子路问君子⑧。子曰："修己⑨以敬。"曰："如斯而已乎？"曰："修己以安人⑩。"曰："如斯而已乎？"

【注释】①《书》：指《尚书》。②高宗：殷高宗。③谅阴：居丧时所住房子。④不言：这里指不言及国政，只为家父守丧，并非闭口不言不语。⑤薨：国君和诸侯死叫薨。⑥总己：各统己职。⑦冢宰：大（太）宰，周代官名，为众官之首。⑧问君子：询问君子是怎样的人。君子，此处所言的君子是指处于上位者。⑨修己：自我修养。⑩安人：使人们安心。因下文有"修己以安百姓"，所以这里的"人"非指普遍百姓，应指特定人群，如上层的人们。

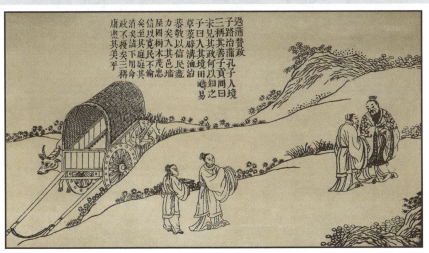

圣迹之图之过蒲赞政·佚名

宪问篇第十四

曰："修己以安百姓。修己以安百姓，尧舜其犹病诸①！"

43 原壤②夷俟③。子曰："幼而不孙弟④，长而无述焉⑤，老而不死⑥，是为贼⑦。"以杖叩其胫⑧。

44 阙党⑨童子将命⑩。或问之曰："益者与⑪？"子曰："吾见其居于位⑫也，见其与先生并行⑬也。非求益者也，欲速成者也⑭。"

【注释】①病：孔安国曰："病，犹难也。"其犹病诸者，意思是大概还难以做到呢。②原壤：孔子的老友。③夷俟：夷是箕踞，即蹲，俟是等待。④孙弟：通逊悌，恭顺。⑤长：长大以後。无述：没有什么可称道的成就。⑥老而不死：老了却还不死去。⑦贼：有害。⑧胫：小腿。⑨阙党：地名，孔子曾居住。⑩将命：传达宾主的话。⑪益者与：这是个有上进心的孩子吗？⑫居于位：坐在（成人的）位子上（不合礼制）。⑬与先生并行：与年长者并肩行（不合当时礼制）。⑭欲速成：想急于求成，只盼望快速成为大人先生。

圣迹图之西河返卫·佚名

卫灵公篇第十五

孔子圣绩图之灵公问陈图　明·仇英

1 卫灵公问陈①于孔子。孔子对曰:"俎豆②之事,则尝闻之矣③;军旅之事④,未之学也⑤。"明日⑥遂行。

2 在陈绝粮⑦,从者病⑧,莫能兴⑨。子路愠见现曰⑩:"君子亦有穷乎?"子曰:"君子固穷⑪,小人穷斯滥⑫矣。"

【注释】①陈:同"阵",指排兵布阵。②俎豆:俎是置肉的几,豆是盛干肉的器皿,俎豆均为礼器。③尝:曾经。④军旅:军事,用兵打仗。⑤未之学:"未学之"的倒装,起强调作用。⑥明日:指第二日。⑦绝粮:断绝了粮食。据史载,孔子由卫到陈,在鲁定公十五年,由陈返卫,则在鲁哀公六年。⑧从者:此指随从的弟子。病:此指为饥饿所困。⑨兴:起来活动。⑩愠见:是心中怨念现形于颜面。见,同"现"。另一说法是心怀抱怨之意前来见孔子。⑪固穷:固守贫穷。⑫滥:越轨。

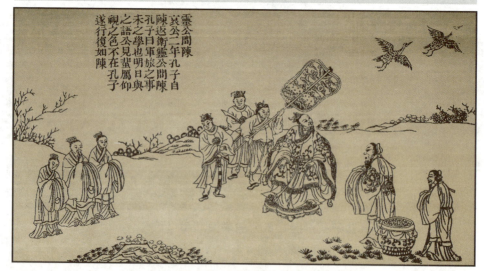

圣迹图之灵公问陈·佚 名

3 子曰："赐也，女(汝)以予为多学而识①之者与(欤)？"对曰："然②，非与(欤)？"曰："非也，予一以贯之③。"

4 子曰："由！知德者鲜矣④。"

5 子曰："无为⑤而治者其⑥舜也与(欤)！夫何为哉？恭己正南面而已矣⑦。"

【注释】①识：记住。②然：对。③一以贯之：贯彻始终。④知德：懂得道德修养。鲜：少见，少有。⑤无为：不作为，顺其自然之意。⑥其：大概。⑦恭己正南面而已矣：只是恭敬端正地南面而坐罢了。

孔子圣迹图之在陈绝粮　明·佚　名

6 子张问行①。子曰："言忠信②,行笃敬③,虽蛮貊④之邦行矣。言不忠信,行不笃敬,虽州里⑤行乎哉?立⑥,则见其参⑦于前也;在舆,则见其倚于衡⑧也。夫然後行⑨。"子张书诸绅⑩。

7 子曰:"直哉史鱼⑪!邦有道,如矢⑫;邦无道,如矢。君子哉蘧伯玉!邦有道,则仕;邦无道,则可卷而怀之⑬。"

【注释】①行:指通行畅达。②言忠信:说话忠实诚信。③行笃敬:行为笃厚谨敬。④蛮貊:泛指少数民族。蛮,南蛮;貊,北狄。⑤州里:五家为邻,五邻为里,二千五百家为州,这里指本乡本土。⑥立:站立。⑦参:列,显现。⑧衡:车辕前面的横木。⑨夫然後行:这样,然後才能畅通无阻。朱熹《论语集注》曰:"其者,指忠信笃敬而言。参,言与我相参也。衡,轭也。言其于忠信笃敬念念不忘,随其所在,常若有见,虽欲倾刻离之而不可得,然後一言一行,自然不离于忠信笃敬,而蛮貊可行也。"⑩绅:宽带子。⑪史鱼:卫国大夫史鲥,字子鱼,他临死时叫儿子不治丧于正室,以此告劝卫灵公进用蘧伯玉斥退弥子瑕,古人称"尸谏"。⑫如矢:像箭一样直。⑬卷而怀之:朱熹《论语集注》曰:"卷,收也。怀,藏也。"

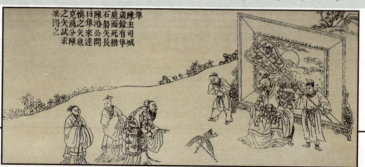

圣蹟图之 楛矢贯隼·佚名

❽ 子曰:"可与言①,而不与之言,失人②;不可与言,而与之言,失言。知(智)者不失人,亦不失言③。"

❾ 子曰:"志士仁人④,无求生以害⑤仁⑥,有杀身⑦以成⑧仁。"

❿ 子贡问为仁。子曰:"工⑨欲善其事,必先利其器⑩。居是邦也,事其大夫之贤者,友其士之仁者。"

【注释】①言:动词,言谈,说话。②失人:失人之失作过错讲。③失言:失言的失作过失讲。君子之贵于言,言贵而後道重。轻言,则道亦随之而轻矣。一说君子贵识人,不识人,则将失言,然亦有恐于失言而遂至失人者。人才难遇,当面失之,岂不可惜。④志士仁人:具有远大理想抱负和高尚道德仁心的人。⑤害:损害。⑥阮元校勘记:"皇疏云:'无求生以害仁者:既志善行仁,恒量欲救物,故不自求我之生以害于仁恩之理也。'"⑦杀身:牺牲生命。⑧成:成全。⑨工:工匠。⑩利其器:使其工具锋利。

圣迹之图之子羔仁恕·佚名

⑪ 颜渊问为邦①。子曰："行夏之时②，乘殷之辂③，服周之冕④，乐则《韶》⑤《舞》⑥。放郑声⑦，远佞人。郑声淫⑧，佞人殆⑨。"

⑫ 子曰："人无远虑⑩，必有近忧⑪。"

⑬ 子曰："已矣乎！吾未见好德如好色⑫者也。"

【注释】①为邦：治理国家。②时：历法。③辂：商代的车子，较质朴。④冕：包咸曰："冕，礼冠。周之礼，文而备。取其垂旒蔽明、黈纩塞耳；不任视听。"⑤《韶》：舜时的音乐。⑥《舞》：周武王时的音乐。舞通"武"。⑦放郑声：禁绝郑国的乐曲。⑧淫：浮靡过度。⑨殆：危险。⑩远虑：长远的打算。⑪近忧：迫身的忧患。⑫好色：喜欢美色。

孔子圣蹟图之作歌丘陵·佚 名

14 子曰:"臧文仲①其窃位者与②!知柳下惠③之贤,而不与立位④也。"

15 子曰:"躬自⑤厚而薄责于人⑥,则远怨矣⑦。"

16 子曰:"不曰'如之何⑧,如之何'者,吾末如之何也已矣⑨!"

【注释】①臧文仲:鲁大夫臧孙辰,历仕庄、闵、僖、文四朝。②窃位:孔安国曰:"知贤而不举,是为窃位。"这是说,臧氏尸位素餐,身居官位而不称职,如盗取而窃据之。③柳下惠:鲁国贤者,本名展获,字禽,又名展季;居柳下,谥号(私谥)"惠"。④立:通"位",官职。一说是不与并立于朝。⑤躬自:自己,独自。⑥《经义述闻》:"躬自厚者,躬自厚责也。因下薄责于人而有责字。"躬自厚,对自己要求严格。薄责于人:对他人要求宽松。⑦远怨:远离怨恨,即没有什么人怨恨他。孔安国曰:"责己厚,责人薄,所以远怨咎。"⑧如之何:怎么样,即思考动脑筋之意。⑨末:无。吾末如之何也已矣,我对他也就没有什么办法。

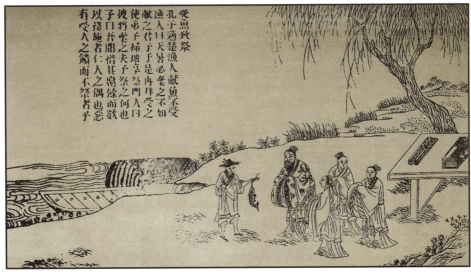

孔子圣迹图之受鱼致祭·佚 名

⑰ 子曰："群居终日，言不及义①，好行小慧②，难矣哉！"

⑱ 子曰："君子义以为质③，礼以行之，孙④以出之，信以成之。君子哉！"

⑲ 子曰："君子病⑤无能焉，不病人之不己知也⑥。"

【注释】①言不及义：言是说话，及是涉及，义是指义理，这里指正经事。②行小慧：耍小聪明。③质：本质，根本。④孙：通"逊"。⑤病：担心。⑥不己知："不知己"的倒装，起强调作用。

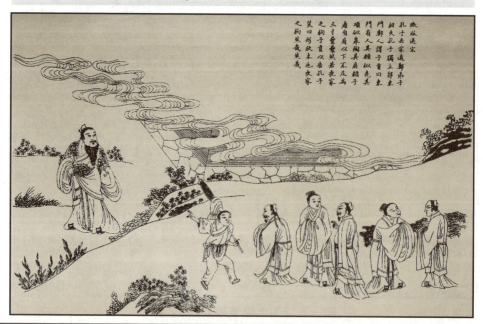

圣迹之图之微服过宋·佚　名

与经典同行 与圣人为伍

20 子曰："君子疾①没世②而名不称焉③。"

21 子曰："君子求诸己④，小人求诸人。"

22 子曰："君子矜⑤而不争，群而不党⑥。"

23 子曰："君子不以言举人⑦，不以人废言⑧。"

【注释】①疾：疾恨。②没世：死后。③名不称：名声得不到人们称颂。④求：责求。《论语集注》曰："君子责己，小人责人。"诸："之于"的合音。⑤矜：端庄。⑥党：搞帮派。⑦不以言举人：不凭一个人说的话来荐举人。⑧不以人废言：不因为一个人不好而排斥他正确的话。钱穆曰："有言不必有德，故不以言举人。然亦不以其人之无德而废其言之善，因无德亦可有言。"

圣迹之图之不对田赋·佚名

卫灵公篇第十五

24 子贡问曰："有一言而可以终身行之者乎①？"子曰："其②'恕'乎！己所不欲，勿施于人。"

25 子曰："吾之于人也，谁毁谁誉？如有所誉者，其有所试③矣。斯民也，三代④之所以直道而行也⑤。"

26 子曰："吾犹及史之阙文⑥也，有马者借人乘之，今亡无⑦矣夫！"

【注释】①一言：此指一字。古人常称一字为一言。终身行之：作为指南一生从始至终身体力行。②其：句首语气词，大概之意。③有所试：试过的。④三代：指夏商周三代。⑤直道而行：朱熹《论语集注》曰："直道，无私曲也。"⑥阙文：指缺疑不书或遗漏之文。阙同"缺"。⑦亡：通"无"，指借人乘马的风尚没有了。

圣迹之图之命赐存鲁·佚 名

与经典同行　与圣人为伍

❷❼ 子曰："巧言乱德①。小不忍②，则乱大谋③。"

❷❽ 子曰："众恶之，必察焉；众好之，必察焉。"

❷❾ 子曰："人能弘道④，非道弘人⑤。"

❸⓿ 子曰："过而不改⑥，是谓过矣。"

【注释】①巧言：花言巧语。乱德：败坏人的德行。②小不忍：对于琐碎小事不能容忍。③乱大谋：使大事败乱。这里说的大约是顾大局、识大体。④弘道：廓大仁道，弘扬仁道。⑤非道弘人：世间虽有这种道理，但没有了学笃行的人，这个道理也就没有用了。道，是增进人类文明、世界太平的一种理想方法。⑥过：过错。

圣迹之图之步游洙泗・佚　名

㉛ 子曰:"吾尝终日不食,终夜不寝,以思,无益,不如学也。"

㉜ 子曰:"君子谋道不谋食。耕也,馁①在其中矣;学也,禄②在其中矣。君子忧道不忧贫。"

㉝ 子曰:"知(智)及之③,仁不能守之,虽得之,必失之。知(智)及之,仁能守之,不庄以莅之④,则民不敬。

【注释】①馁:饿也。②禄:俸禄。③知及之:知同"智",智慧,及是到达,之指人民或国家。④莅之:莅即临,莅之即使之到临。

孔子圣迹图之丑次同车 明·佚 名

知(智)及之,仁能守之,庄以莅之,动之不以礼,未善也。"

㉞ 子曰:"君子不可小知①,而可大受②也;小人不可大受,而可小知也。"

【注释】①小知:知是主持管理,小知即做小事情。②大受:受即使命,大受即担当大任。

孔子圣绩图之昭公赐鲤图 明·仇英

㉟ 子曰："民之于仁也，甚于①水火②。水火，吾见蹈③而死者矣，未见蹈仁而死者也④。"

㊱ 子曰："当仁⑤不让于师⑥。"

㊲ 子曰："君子贞⑦而不谅⑧。"

㊳ 子曰："事君，敬其事而後其食⑨。"

㊴ 子曰："有教无类⑩。"

【注释】①甚于：比……更迫切。②水火：朱熹《论语集注》曰："民之于水火，所赖以生，不可一日无。"③蹈：投入其中。④这里孔子所言，仁大约是精神的东西，水火大约是物质方面的东西。⑤当仁：在仁的面前。⑥朱熹《论语集注》曰："当仁，以仁为己任也；虽师亦无所逊。言当勇往而必为也。"不让于师，是说不以尊师的缘故而有害于仁。成语"当仁不让"即来源于此。⑦贞：大信，言行一致。⑧谅：守信用，指小信。⑨食：俸禄。⑩无类：不分类别，即没有贵贱高低。

孔子圣蹟图之沐浴请讨·佚 名

㊵ 子曰："道不同①，不相②为谋。"

㊶ 子曰："辞达③而已矣。"

㊷ 师冕④见。及阶⑤，子曰："阶也。"及席⑥，子曰："席也。"皆坐，子告之曰："某在斯⑦，某在斯。"师冕出。子张问曰："与师⑧言之道⑨与⑩？"子曰："然，固⑪相⑫师之道也。"

【注释】①道不同：主张不同。②相：相互。③辞达：言辞能表达。④师冕：叫冕的乐师，古代乐官一般用盲人。⑤阶：台阶。⑥席：坐席。⑦某在斯：某人在此。⑧师：指乐师冕。⑨道：方法。⑩与师言之道也：这就是与盲人乐师谈话的方式吗。⑪固：本来。⑫相：帮助。

孔子圣迹图之在陈绝粮　明·佚　名

季氏篇第十六

杏坛弦歌图

与经典同行　与圣人为伍

1. 季氏①将伐颛臾②。冉有、季路见(现)③于孔子曰："季氏将有事于颛臾④。"

孔子曰："求，无乃⑤尔是过⑥与欤？夫颛臾，昔者先王以为东蒙主⑦，且在邦域之中矣⑧，是社稷之臣也⑨，何以伐为⑩？"

冉有曰："夫子欲之⑪，吾二臣者皆不欲也。"

【注释】①季氏：这里指季康子，名肥。②颛臾：一小国，鲁国的属国。孔安国曰："季氏贪其土地，欲灭而取之。"③见：同"现"，谒见。④有事：用兵，发动战争。⑤无乃：恐怕要。⑥过：责备。⑦东蒙主：主祭东蒙山神的人，主指主祭人。⑧邦域：鲁国的疆域。⑨社稷：社指土神，稷指穀神，古代君主都祭社稷，後来就用"社稷"代表国家。⑩为：助词。常跟'何'相应相搭配，表示疑问或反诘。何以……为，是古代汉语中一个常用句式。⑪夫子：古时对男子的敬称。这里指季氏。欲之：要去攻打它。

季氏篇第十六

圣迹图之匡人解围·佚名

孔子曰："求，周任①有言曰：'陈力就列②，不能者止③。'危而不持④，颠⑤而不扶⑥，则将焉用彼相⑦矣？且尔言过矣⑧！虎兕⑨出于柙⑩，龟玉毁于椟⑪中，是谁之过与欤？"

冉有曰："今夫颛臾，固而近于费鄪⑫。今不取，后世必为子孙忧。"

孔子曰："求，君子疾夫舍捨⑬曰欲之而必为之辞⑭。丘也闻：有国⑮有

【注释】①周任：古代的一位史官。②陈力就列：陈是展示，力是能力，列是职位，即按能力任职。③止：止步。也可以说是辞职。④危：出现危险。持：扶持，扶助。⑤颠：跌倒。⑥扶：搀扶。⑦相：助手，即扶瞎子走路的人。⑧尔：你。过：错。⑨兕：独角犀。⑩柙：关猛兽的笼子。⑪椟：匣子。⑫固：指城墙坚固。费：春秋时期鲁邑，当时属于权势季氏。约今山东省费县西北。⑬疾夫舍：疾是痛恨，夫是那种，舍通"捨"，舍弃，即撇开。⑭辞：说辞，即借口。⑮国：诸侯统治的地方称国。

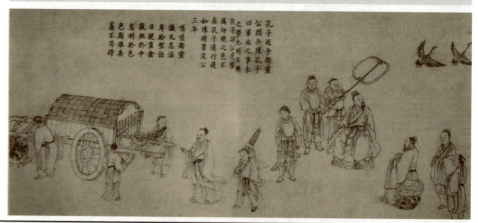

圣迹图之灵公问阵　明·张　楷

与经典同行　与圣人为伍

家①者，不患寡②而患不均，不患贫而患不安。盖均无贫③，和无寡④，安无倾⑤。夫如是，故远人不服⑥，则修文德以来之⑦。既来之⑧，则安之⑨。今由与求也相夫子，远人不服而不能来也，邦分崩离析⑩而不能守也，而谋动干戈⑪于邦内。吾恐季孙之忧，不在颛臾，而在萧墙之内⑫也。"

【注释】①家：指卿大夫统治的地方。②寡：人口少。③均无贫：财富分配均匀就没有贫困。④和无寡：和睦相处没有人口少的现象（人民都愿归附）。⑤安无倾：国家安定就没有倾覆的危险。⑥远人不服：边远的人不归服。⑦修文德以来之：修治自己的礼乐政教来招徕他们。⑧来之：使他们到来。⑨安之：使他们安定生活。⑩分崩离析：四分五裂。⑪干戈：干指盾牌，戈是用来刺杀的一种长柄兵器，干戈指军事。⑫萧墙之内：萧墙是国君宫门内当门的小墙，又叫屏，萧墙之内指鲁国内部。郑玄曰："萧之言肃也；墙，谓屏也。君臣相见之礼，至屏而加肃敬焉，是以谓之萧墙。"

季氏篇第十六

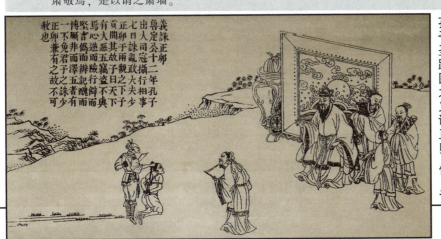

孔子圣迹图之义诛正卯·佚名

② 孔子曰："天下有道，则礼乐征伐自天子出①；天下无道，则礼乐征伐自诸侯出。自诸侯出，盖十世希[稀]②不失③矣；自大夫出，五世希[稀]不失矣；陪臣执国命④，三世希[稀]不失矣。天下有道，则政不在大夫⑤。天下有道，则庶人不议⑥。"

【注释】①自天子出：由天子作出决定。按古代制度，非天子不得变礼乐、专征伐，此乃大一统之道。朱熹《论语集注》曰："先王之制，诸侯不得变礼乐、专征伐。"②希：同"稀"，稀少。③失：失传，即灭亡。④陪臣：卿大夫的家臣。执国命：执掌国家的命令。⑤政不在大夫：政权不会落在大夫的手中。⑥庶人：平民百姓。不议：不会议论朝廷的是非。

圣迹图之紫文金简·佚 名

3 孔子曰:"禄之去①公室五世②矣,政逮③于大夫四世④矣,故夫三桓⑤之子孙微⑥矣。"

4 孔子曰:"益者三友⑦,损者三友⑧。友直⑨,友谅⑩,友多闻⑪,益矣。友便辟⑫,友善柔⑬,友便佞⑭,损矣。"

【注释】①禄之去:政权离开了。②五世:指鲁宣公、成公、襄公、昭公、定公五代。③逮:到达。④四世:指季孙氏文子、武子、平子、桓子四代。⑤三桓:鲁国的三卿,仲孙、叔孙、季孙均为鲁桓公的后代。⑥微:衰微。⑦益者三友:有三种朋友对自己有益处。⑧损者三友:有三种朋友对自己有损害。⑨直:正直(的人)⑩谅:诚信。⑪多闻:见闻广博。⑫便辟:谄媚逢迎貌。⑬善柔:阿谀奉承,两面三刀。⑭便佞:花言巧语,夸夸其谈。

孔子圣迹图之问礼老聃　明·佚　名

❺ 孔子曰："益者三乐①，损者三乐。乐节礼乐②，乐道③人之善，乐多贤友④，益矣。乐骄乐⑤，乐佚游⑥，乐宴乐⑦，损矣。"

❻ 孔子曰："侍于君子有三愆⑧：言未及之而言谓之躁⑨，言及之而不言谓之隐⑩，未见颜色而言谓之瞽⑪。"

【注释】①朱熹《论语集注》曰："乐，五教反。礼乐之乐音岳；骄乐、宴乐之乐音洛。"②节礼乐：用礼乐来调节。③道：宣扬。④乐多贤友：以与众多贤明的朋友交往为乐。⑤骄乐：以骄纵为乐。⑥乐佚游：喜欢来回游荡而不加节制。⑦宴乐：沉溺于宴饮取乐。⑧愆：过失。⑨言未及之而言：没被问到的时候就说。一说为不该说话的时候却说话。躁：急躁。郑玄曰："躁，不安静。"⑩言及之而不言：问到了却不言不语。或曰，该畅所欲言的时候却不吭声。隐：隐晦。有所隐匿，不尽情实。⑪未见颜色：未能察颜观色，或曰有眼无珠。瞽：瞎眼。《荀子·劝学篇》："未可与言而言谓之傲，可与言而不言谓之隐，不观气色而言谓之瞽。君子不傲、不隐、不瞽，谨顺其身。"

孔子圣迹图之跪受赤虹　明·佚　名

7 孔子曰:"君子有三戒:少之时,血气①未定,戒之在色;及其壮也,血气方刚②,戒之在斗;及其老也,血气既衰,戒之在得③。"

8 孔子曰:"君子有三畏④:畏天命⑤,畏大人⑥,畏圣人之言。小人不知天命而不畏也,狎⑦大人,侮圣人之言。"

【注释】①血气:犹精力。②方刚:正旺盛。③得:获取,贪欲也。《淮南子·诠言训》:"凡人之性,少则猖狂,壮则强暴,老则好利。"④畏:敬畏。⑤天命:上天的意旨,由上天所主宰的命运。古代儒者把天命分为德命和禄命。"民之秉夷,好是懿德。"这是所谓的德命。"死生有命,富贵在天。"这是所谓的禄命。⑥大人:古代指在高位的人。⑦狎:轻视。

圣迹图之女乐文马 明·张 楷

9 孔子曰："生而知之者，上也；学而知之者，次也；困①而学之②，又其次也；困而不学，民斯为下矣③。"

10 孔子曰："君子有九思：视思明，听思聪，色思温，貌思恭，言思忠，事思敬，疑思问，忿思难④，见得思义。"

【注释】①困：遇到困难。②《中庸》："或生而知之，或学而知之，或困而知之：用度其知之，一也。"郑玄曰："困而知之，谓长而见礼义之事，己临之而有不足，乃始学而知之。"③困而不学：是愚昧而不求知。民：指知识浅乏的平头百姓。④难：灾难，指後患。

孔子圣蹟图之五乘从游·佚名

11 孔子曰:"见善如不及①,见不善如探汤②。吾见其③人矣,吾闻其语矣④。隐居以求其志⑤,行义以达其道⑥。吾闻其语矣,未见其人也。"

12 齐景公有马千驷⑦,死之日,民无德而称焉⑧。伯夷叔齐饿于首阳⑨之下,民到于今称之。其斯之谓与欤?

【注释】①如不及:好像赶不上。②如探汤:好像伸手进滚沸的水中。③其:这样的。④吾闻其语矣:我听过这样的话了。⑤求其志:成就自己的志向。⑥行义以达其道:遵循道义以贯彻自己的主张。邢昺曰:"好行义事以达其仁道。"⑦驷:古代用四匹马驾的车,所以一驷就是四匹马。⑧民无德而称焉:庶民没有称颂他(齐景公)的德行。⑨首阳:山名。

圣迹之图之五乘从游·佚 名

⑬ 陈亢①问于伯鱼②曰:"子亦有异闻乎③?"对曰:"未也④。尝独立⑤,鲤趋⑥而过庭。曰:'学《诗》乎?'对曰:'未也。''不学《诗》,无以言⑦。'鲤退而学《诗》。他日,又独立,鲤趋而过庭。曰:'学礼乎?'对曰:'未也。''不学礼,无以立⑧。'

【注释】①陈亢:即陈子禽。②伯鱼:孔子的儿子孔鲤,字伯鱼。③异闻:异乎寻常的教诲。④未:从未有特别的教导。⑤尝独立:曾经独自站立。⑥趋:快步走。⑦不学《诗》,无以言:《诗》之比兴手法以及广博的内容,在国内外都常用于答对酬酢。不学《诗》,在国内谈吐则显得不文雅;出使国外,则无以答对以完成外交使命。也就是不懂得谈话。⑧不学礼,无以立:礼教恭俭庄敬,此乃立身之本。有礼则安,无礼则危。古人不学礼,无以立身,在人世间难以有立足之地。

孔子圣蹟图之琴歌盟坛·佚 名

与经典同行　与圣人为伍

鲤退而学礼。闻斯二者。"
陈亢退而喜曰："问一得三,闻《诗》①,闻礼,又闻君子之远其子也②。"

⑭ 邦君之妻,君称之曰"夫人",夫人自称曰"小童";邦人称之曰"君夫人",称诸异邦曰"寡小君";异邦人称之亦曰"君夫人"。

【注释】①闻《诗》:知道了《诗》的重要性。②远其子:朱熹《论语集注》引尹氏说云:"孔子之教其子,无异于门人,故陈亢以为远其子。"远,不溺爱。

圣迹之图之过庭诗礼·佚名

213

阳货篇第十七

孔子圣绩图之途遇图　明·仇英

与经典同行　与圣人为伍

1 阳货①欲见(现)②孔子,孔子不见,归(馈)③孔子豚④。孔子时(伺)⑤其亡⑥也,而往拜之⑦。遇诸涂(途)⑧。谓孔子曰:"来!予与尔言。"曰:"怀其宝而迷⑨其邦,可谓仁乎?"曰:"不可。""好从事⑩而亟⑪失时,可谓知(智)乎?"曰:"不可。""日月逝矣,岁不我与⑫!"孔子曰:"诺,吾将仕矣。"

【注释】①阳货:阳虎,季氏最有权势的家臣。②欲见:见同"现",想让孔子谒见他。③归:通"馈",赠送。④豚:小猪。⑤时:通"伺",等待时机。⑥亡:不在家。⑦往:前往阳货那里。拜:拜谢。邢昺疏:"孔子时其亡而往拜之者,谓伺虎不在家时而往谢之也。"⑧涂:通"途",路途。⑨迷:惑;糊涂。⑩好从事:从即参与,喜好参与政事。⑪亟:屡次。⑫岁不我与:"岁不与我"的倒装,与即是等待。

圣迹之图之拜胙遇涂·佚名

阳货篇第十七

2 子曰："性①相近也，习②相远也。"

3 子曰："唯上知(智)与下愚不移③。"

4 子之④武城⑤，闻弦歌之声。夫子莞尔⑥而笑曰："割鸡焉用牛刀⑦？"子游对曰："昔者偃也闻诸夫子曰'君子学道则爱人，小人学道则易使也'。"子曰："二三子！偃之言是也。前言戏之耳。"

【注释】①性：本性。②习：习染，习惯。③不移：改变不了。④之：到。⑤武城：鲁国小城，子游为宰。⑥莞尔：微笑貌。⑦割鸡焉用牛刀：其治小邑，何必用礼乐大道。一说子游之才而用于武城之小邑，则是深惜之也。

圣迹之图之武城弦歌·佚名

与经典同行　与圣人为伍

5 公山弗扰①以费畔②，召③，子欲往④。子路不说，曰："末之也已⑤，何必公山氏之之⑥也？"子曰："夫召我者，而岂徒⑦哉？如有用我者，吾其为东周⑧乎！"

6 子张问仁于孔子。孔子曰："能行五者于天下，为仁矣。""请问之。"

【注释】①公山弗扰：疑即公山不狃。②畔：通"叛"，即谋逆。③召：前来召请孔子。④子欲往：孔子想应召前往。⑤末之也已：没有地方去了，之是去。⑥何必公山氏之之："何必之公山氏"的倒装，第一个之是助词"的"，第二个是动词"到"。⑦徒：白白地。⑧为东周：建造一个东方的周朝（即复兴周礼）。另一说法是：我不至于像东周一样无所作为。

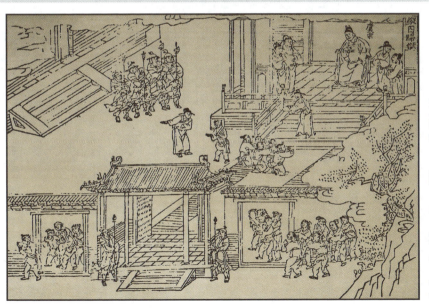

唐太宗纵囚归狱　明·《帝鉴图说》

曰："恭、宽、信、敏、惠。恭则不侮①，宽则得众②，信则人任焉③，敏则有功④，惠则足以使人⑤。"

7. 佛肸⑥召，子欲往。子路曰："昔者由也闻诸夫子曰⑦：'亲于其身为不善者⑧，君子不入也。'佛肸以中牟⑨畔，子之往也，如之何？"

【注释】①恭则不侮：恭敬就不会招到侮辱。②宽则得众：宽厚则得民心。③信则人任：诚信就会获得他人的信任。④敏则有功：敏捷就会取得成功。⑤使人：使唤他人。⑥佛肸：赵简子的家臣，中牟宰。⑦诸："之于"的合音。夫子：孔门尊称孔子为夫子，后来往往以"夫子"特指孔子。⑧亲于其身为不善者：亲自投入做坏事的家伙的怀抱的人。⑨中牟：晋国地名。

孔子圣迹图之西河返驾·佚　名

与经典同行　　与圣人为伍

子曰："然，有是言也。不曰坚乎，磨而不磷①；不曰白乎，涅②而不缁③。吾岂匏瓜④也哉？焉能系⑤而不食？"

8 子曰："由也，女（汝）闻六言⑥六蔽⑦矣乎？"对曰："未也。""居⑧！吾语女（汝）。好仁不好学，其蔽也愚⑨；好知（智）不好学，其蔽也荡⑩；好信不

【注释】①磷：薄。②涅：一种黑色的染料，此处作动词，染黑的意思。③缁：黑色。④匏瓜：苦匏瓜不能吃，可以系在腰上用于泅渡。⑤系：结，扣。⑥言：言论，这里是指美德。⑦蔽：弊病。朱熹《论语集注》曰："六言皆美德，然徒好之而不学以明其理，则各有所蔽。"⑧居：坐。⑨愚：被愚弄。⑩荡：放荡，无所适从。

阳货篇第十七

孔子圣迹图之命名荣贶·佚　名

好学,其蔽也贼①;好直不好学,其蔽也绞②;好勇不好学,其蔽也乱③;好刚不好学,其蔽也狂④。"

9 子曰:"小子何莫学夫《诗》?《诗》,可以兴⑤,可以观⑥,可以群⑦,可以怨⑧。迩⑨之事父,远之事君,多识于鸟兽草木之名⑩。"

【注释】①贼:受损害。②绞:刺痛别人。③乱:作乱,犯上违法。④狂:狂妄,妄抵触人。⑤兴:感发,联想。⑥观:观察了解天地万物及各国盛衰得失。郑玄曰:"观风俗之盛衰。"朱熹《论语集注》曰:"考见其得失。"⑦群:合群,群居相切磋。⑧怨:讽刺。⑨迩:近。⑩多识于鸟兽草木之名:《诗》尚比兴,多就眼前事物,比类而相通,感发而兴起。故学于《诗》,对天地间鸟兽草森之名能多熟识,此小言之。若大言之,则俯仰之间,万物一体,鸢飞鱼跃,道无不在,可以渐跻于化境,由此多识其名而已。

圣蹟图之过庭诗礼·佚名

10 子谓伯鱼曰："女(汝)为①《周南》《召南》矣乎？人而不为《周南》《召南》，其犹正墙面而立也与(欤)②！"

11 子曰："礼云礼云，玉帛云乎哉？乐云乐云，钟鼓云乎哉？"

12 子曰："色厉③而内荏④，譬诸小人，其犹穿窬⑤之盗也与(欤)！"

13 子曰："乡原⑥(愿)，德之贼⑦也！"

【注释】①为：学。②正墙面而立：面对墙面，不见一物。成语"面墙而立"的来源。朱熹《论语集注》曰："正墙面而立，言即其至近之地而一物无所见、一步不可行。"③色厉：脸上神色严厉。④内荏：内心软弱。⑤穿窬：窬即墙上的洞，即穿墙洞而过。⑥原：通"愿"，忠厚，乡原即好好先生。⑦贼：败坏者。

孔子圣蹟图之职司乘田·佚 名

14 子曰："道听而涂〔途〕①说，德之弃也。"

15 子曰："鄙夫可与②事君也与哉？其未得之也，患③得之；既得之，患失之。苟患失之，无所不至④矣。"

16 子曰："古者民有三疾，今也或是之亡〔无〕也。古之狂也肆⑤，今之狂也荡⑥；古之矜也廉⑦，今之矜也忿戾⑧；古之愚也直，今之愚也诈而已矣。"

【注释】①涂：通"途"，道路。②（可）与：共同。③患：担心。④无所不至：什么（手段）都用得出来。⑤肆：随意。⑥荡：放荡过分。⑦廉：廉隅，本义是器物棱角，指人的行为方正有威。⑧忿戾：火气大，蛮横不讲理。

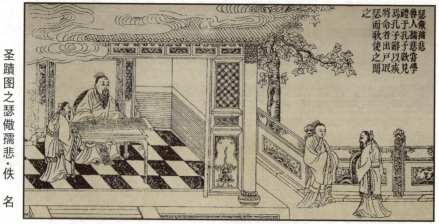

圣迹图之瑟儆孺悲·佚名

与经典同行　与圣人为伍

17 子曰："巧言令色，鲜矣仁。"

18 子曰："恶紫之夺①朱也②，恶郑声之乱雅乐也③，恶利口之覆邦家者④。"

19 子曰："予欲无言。"子贡曰："子如不言，则小子何述焉？"子曰："天何言哉？四时行焉，百物生焉，天何言哉？"

【注释】①夺：取代。②朱：钱穆曰："朱，正色。紫，间色。当时以紫衣为君服，可见时尚。"③雅乐：正统音乐。郑声：春秋战国时期郑国的音乐。与以孔子为代表的儒家提倡的雅乐大为不同，常受儒家排斥。④利口：巧嘴利舌。邦家：邦，诸侯的封国。家，大夫的封邑。邦家指国家。

阳货篇第十七

圣迹之图之诛少正卯　明·佚　名

20 孺悲①欲见(现)②孔子，孔子辞③以疾。将命者④出户，取瑟而歌，使之闻之。

21 宰我问："三年之丧，期⑤已久矣。君子三年不为礼⑥，礼必坏；三年不为乐⑦，乐必崩。旧谷既没⑧，新谷既升⑨，钻燧改火⑩，期可已矣。"子曰："食夫稻⑪，衣夫锦⑫，

【注释】①孺悲：鲁国人。鲁哀公曾派他向孔子学礼。②见：同"现"，谒见。③辞：推辞。④将命者：传达信息的人。⑤期：一周年。⑥为礼：修习礼仪或礼乐。⑦为乐：演奏音乐。⑧没：没有了，吃完了。⑨升：登场，摆上餐桌，或曰收获。⑩钻燧改火：古代钻木取火，四季用不同的木。⑪食夫稻：吃稻粮，古代大米很珍贵。⑫衣夫锦：衣即穿，锦即有彩色花纹的丝织品。

圣迹之图之瑟儆孺悲·佚名

与经典同行 与圣人为伍

于女(汝)安乎①?"曰:"安。""女(汝)安,则为之!夫君子之居丧,食旨②不甘,闻乐不乐,居处不安,故不为也。今女(汝)安,则为之!"

宰我出。子曰:"予③之不仁也!子生三年,然後免于父母之怀。夫三年之丧,天下之通丧也。予也有三年之爱于其父母乎?"

【注释】①于汝安乎:就你来说,是心安理得的吗?②旨:甜美,指好食物。③予:宰我之名。

阳货篇第十七

圣迹之图之灵公问阵 明·佚 名

22 子曰："饱食终日，无所用心，难矣哉①！不有博弈②者乎？为之，犹贤乎已③。"

23 子路曰："君子尚勇乎④？"子曰："君子义以为上⑤。君子有勇而无义为乱⑥，小人有勇而无义为盗。"

【注释】①难矣哉：刘宝楠《论语正义》："难者，言难以成德也。"②博弈：博指六博，是古代一种赌输赢的游戏，与棋相仿；弈指围棋。③犹贤乎已：犹指还算，贤指善（好），已是叹词，相当于"矣"。全句意为"下下棋，也算好的啊"。意即下下棋也比无所用心好。④尚：崇尚，尊崇。⑤以义为上：把义尊崇为最高准则。⑥为乱：犯上作乱。

圣迹之图之世业克昌·佚　名

24 子贡曰:"君子亦有恶乎?"子曰:"有恶:恶称人之恶者①,恶居下流而讪②上者,恶勇而无礼者,恶果敢而窒③者。"

曰:"赐也亦有恶乎?""恶徼④以为知(智)者,恶不孙(逊)以为勇者⑤,恶讦⑥以为直者⑦。"

25 子曰:"唯女子与小人为难养也,近之则不孙(逊),远之则怨。"

26 子曰:"年四十而见恶焉,其终也已。"

【注释】①称:称颂。恶(者):坏处。儒家认为,喜欢称人之恶,是不仁义不厚道的表现。②讪:毁谤。③窒:执拗。④徼:抄袭。⑤不孙以为勇:不懂得谦逊,自以为勇敢。⑥讦:揭发人的隐私。⑦直:正直,直率。

孔子圣迹图之 女乐文马 明·佚名

微子篇第十八

孔子圣绩图之问津图　明·仇　英

与经典同行　与圣人为伍

1 微子①去之②，箕子③为之奴④，比干⑤谏而死。孔子曰："殷有三仁焉。"

2 柳下惠为士师⑥，三黜⑦。人曰："子未可以去乎⑧？"曰："直道而事人⑨，焉往⑩而不三黜？枉道⑪而事人，何必去父母之邦？"

【注释】①微子：纣王的同母兄，名启。②去之：离开了（纣王）。③箕子：纣王的叔父，曾谏纣王不听，披髪佯狂，降为奴隶。④为之奴：成为了纣王的奴隶。⑤比干：纣王的叔父，因谏纣被剖心而死。⑥柳下惠：春秋时期鲁国大夫展获，字季，又字禽，曾为士师官，食邑柳下，谥惠，故人称展禽、柳下季、柳士师、柳下等。士师：掌管刑狱的官。⑦黜：被罢免。⑧去：离开（鲁国）。⑨直道：正直的作为。⑩焉往：到哪里。⑪枉道：不正直。

微子篇第十八

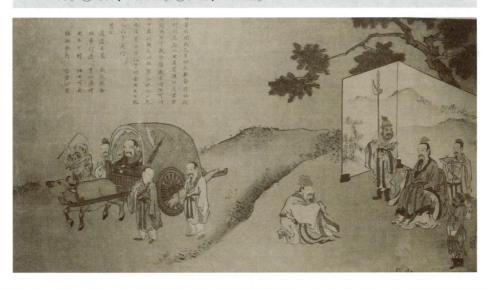

孔子圣迹图之晏婴沮封　明·佚　名

3 齐景公待①孔子，曰："若季氏，则吾不能，以季孟之间待之。"曰："吾老矣，不能用也。"孔子行。

4 齐人归②馈女乐③，季桓子④受之，三日不朝，孔子行。

5 楚狂接舆⑤歌而过⑥孔子，曰："凤兮⑦！凤兮！何德之衰⑧？往者不可谏，来者犹可追⑨。已而⑩！已而！今

【注释】①待：对待。②归：通"馈"，赠送。③女乐：女子歌舞队。④季桓子：季孙斯，鲁国上卿。⑤接舆：楚国隐者，假装疯。⑥歌而过：唱着歌经过。⑦凤：借指孔子。⑧衰：衰微。朱熹《论语集注》曰："讥其不能隐，为德衰也。"⑨犹可追：赶得上，来得及。⑩已而：算了吧。

圣迹之图之楚狂接舆·佚 名

之从政者殆①而！"孔子下，欲与之言。趋而辟（避）②之，不得与之言。

6. 长沮、桀溺③耦④而耕。孔子过之，使子路问津⑤焉。

长沮曰："夫执舆⑥者为谁？"子路曰："为孔丘。"

曰："是鲁孔丘与欤？"

【注释】①殆：危险。②辟：通"避"。③长沮、桀溺：当时的隐者。④耦：古代两人各执一耜同耕一尺宽之地，这种耕作方法叫耦。⑤津：渡口。⑥执舆：拿着缰绳。皇侃曰："执舆，犹执辔也。"朱熹《论语集注》曰："执辔在车也。盖本子路执辔在车，今下问津，故夫子代之也。"

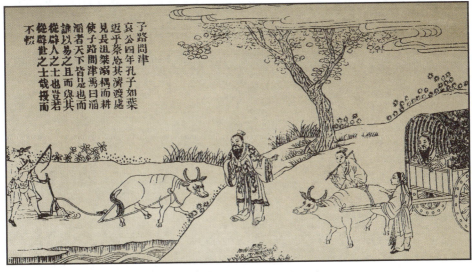

孔子圣蹟图子路问津·佚　名

曰："是也。"

曰："是知津矣！"

问于桀溺。桀溺曰："子为谁？"

曰："为仲由。"

曰："是鲁孔丘之徒与欤？"对曰："然。"曰："滔滔①者，天下皆是也，而谁以②易之？且而③与其从辟避人之士也，岂若从辟避世之士哉④？"耰⑤而不辍⑥。

【注释】①滔滔：水弥漫貌。②以：与。朱熹《论语集注》曰："以，犹与也。言天下皆乱，将谁与变易之。"③而：代词，你。指子路。④避世之士：《汉书叙传》颜注："避人之士，谓孔子；避世之士，溺自谓也。"⑤耰：播种後覆土。⑥辍：中断。

孔子圣迹图之子路问津图　明·佚　名

子路行以告①。夫子怃然②曰："鸟兽不可与同群，吾非斯人之徒与而谁与③？天下有道，丘不与易④也。"

7. 子路从而后⑤，遇丈人⑥，以杖荷蓧⑦。子路问曰："子见夫子乎？"丈人曰："四体⑧不勤，五谷⑨不分⑩，孰为夫子？"植⑪其杖而芸⑫。子路

【注释】①行：离开。②怃然：怅然、失望的样子。③与：跟……一起。④易：变易。⑤从而后：子路原先跟随孔子走，后来失散，落在了后面。⑥丈人：古时对老年男性的尊称。包咸曰："丈人，老人也。"⑦以杖荷蓧：用拄杖扛着除草用的工具，荷即扛，蓧指除草用的工具。⑧四体：四肢。⑨五谷：稻、麦、菽、稷、黍。⑩分：分别、分辨。是丈人在责备子路，说子路不勤学手足，不辨得五谷。⑪植：倚，扶着。⑫芸：通"耘"，锄草。

孔子圣迹图之楚狂接舆·佚名

拱而立①。止子路宿，杀鸡为黍②而食之，见(现)③其二子焉。明日，子路行，以告。子曰："隐者也。"使子路反(返)见之。至，则行矣。子路曰："不仕无义。长幼之节，不可废也；君臣之义，如之何其废之？欲洁其身，而乱大伦④。君子之仕也，行其义也。道之不行，已知之矣。"

【注释】①拱而立：拱，叉手。古人以此表示尊敬。②为黍：即做黄米饭，黍即黄米。③见：同"现"，使见。④大伦：伦指人伦，古代社会规定的人与人之间的关系，大伦则指君臣之义。

圣迹图之学琴师襄　明·张　楷

8

逸民：伯夷、叔齐、虞仲①、夷逸②、朱张③、柳下惠、少连④。子曰："不降其志，不辱其身，伯夷、叔齐与欤！"谓"柳下惠、少连，降志辱身矣，言中⑤伦，行中虑，其斯而已矣"。谓"虞仲、夷逸，隐居放言⑥，身中清，废中权⑦。我则异于是，无可无不可"。

【注释】①虞仲：前人认为是吴太伯之弟仲雍。②夷逸：周代隐士，有人劝他做官，他不肯。③朱张：人名，但其人其事，现在难以考知。④少连：周代隐士，孔子说他善守孝。⑤中：符合。⑥放言：放弃言谈，即不论世事。一说为放纵言论。⑦废中权：被废也是计谋，权即谋。

圣佐元良　明·《瑞世良英》

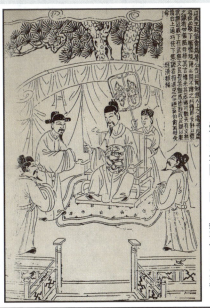

爱民兴国　明·《瑞世良英》

9 大师挚①适②齐,亚饭③干适楚,三饭缭适蔡,四饭缺适秦。鼓方叔入于河④,播鼗武入于汉,少师阳、击磬襄入于海⑤。

10 周公谓鲁公⑥曰:"君子不施弛⑦其亲,不使大臣怨乎不以⑧。故旧无大故⑨,则不弃也。无求备于一人⑩。"

11 周有八士⑪:伯达、伯适、仲突、仲忽、叔夜、叔夏、季随、季騧。

【注释】①大师挚:古代奏乐,从演奏乐曲"始"起,由太师演奏,师挚是鲁国太师。②适:到。③亚饭:古代天子诸侯用饭时奏乐,故乐官有亚饭、三饭、四饭之名。④入于河:河指黄河,到了黄河边。⑤这一章所提到的均为乐师,都是乐官名称在前,相应人名紧接。至于他们究竟是什么时候、什么地方的人,难以考证。⑥鲁公:周公的儿子伯禽,封于鲁。⑦施:通"弛",怠慢。⑧以:用。⑨大故:大罪过。⑩无求备于一人:不要对一个人求全责备。⑪八士:此八人已无可考。

孔子圣迹图之陈庭辨楛　明·佚名

子张篇第十九

人物故事图之子路问津　明·仇英

读经诵典　受益匪浅

1 子张曰："士见危致命①，见得思义②，祭思敬③，丧思哀④，其可已矣⑤。"

2 子张曰："执德不弘⑥，信道不笃，焉能为有？焉能为亡（无）？"

3 子夏之门人问交⑦于子张。子张曰："子夏云何？"对曰："子夏曰：'可者与之，其不

【注释】①致命：授命，舍弃生命。②见得思义：见到有所得益能考虑是否合乎大义。③祭思敬：祭祀时要考虑到是否庄严恭敬。④丧思哀：居丧的时候能想到是否哀伤了。⑤其可已矣：那也就可以了。朱熹《论语集注》曰："言士能如此，则庶乎其可矣。"⑥弘：即强。⑦交：交往，交友。

孔子圣迹图之拜胙遇涂·佚　名

可者拒之。'"

子张曰:"异乎吾所闻:君子尊贤而容众,嘉①善而矜②不能。我之大贤与欤,于人何所不容?我之不贤与欤,人将拒我,如之何其拒人也?"

④ 子夏曰:"虽小道③,必有可观者焉;致远④恐泥⑤,是以君子不为也⑥。"

【注释】①嘉:鼓励。②矜:同情。③小道:儒家对礼教以外的学说、技艺的贬称。④致远:到达远大志向。⑤泥:阻滞,拘泥。⑥不为:即无为,不妄为。孔子之道大,博学多闻而一以贯之。小道窥于一隙,执于一偏,非谓其无所得,就其所见所执,亦皆有可观。只是要推而达之,欲其达于广大悠久之域,则多窒泥而难通。故君子不为也。或问:此重经世之义。小道,如农、圃、医、卜、百家众技,擅一曲之长,应一节之用者比比皆是。

圣迹图之获麟绝笔　明·张　楷

读经诵典　受益匪浅

❺ 子夏曰："日知其所亡[无]①，月无忘其所能②，可谓好学也已矣！"

❻ 子夏曰："博学③而笃志④，切问⑤而近思⑥，仁在其中矣。"

❼ 子夏曰："百工居肆⑦以成其事，君子学以致其道。"

❽ 子夏曰："小人之过也必文⑧。"

【注释】①日知其所亡：每天都能够学到以前所不知道的东西。②月无忘其所能：每月都能够温习以前已经学过的东西。③博学：广泛地学习。④笃志：坚定志趣。⑤切问：恳切地发问。⑥近思：思考当前的问题。⑦肆：场所。⑧文：文饰，掩饰。

孔子圣迹图之韦编三绝·佚　名

❾ 子夏曰："君子有三变：望之俨然①，即之也温②，听其言也厉③。"

❿ 子夏曰："君子信而後劳④其民；未信，则以为厉⑤己也。信而後谏⑥；未信，则以为谤己也⑦。"

⓫ 子夏曰："大德不逾闲⑧，小德出入可也⑨。"

【注释】①望之俨然：远望他神态庄严。②即之也温：接近时他显得温和可亲。③听其言也厉：听他讲话严厉不苟。④劳：劝勉，即动员。⑤厉：通"砺"，磨砺，折磨。⑥信而後谏：得到君主的信任才加以进谏。⑦以为谤己：君主会以为你是在诽谤他。⑧闲：本义是栅栏，引申为道德的范围。⑨小德出入可也：小的德行上有些出入是可以的。

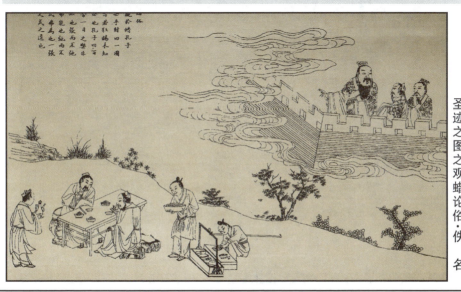

圣迹之图之观蜡论俗·佚名

12 子游曰:"子夏之门人小子①,当洒扫、应对②、进退③,则可矣④,抑末⑤也,本⑥之则无⑦,如之何⑧?"

子夏闻之,曰:"噫!言游过矣⑨!君子之道,孰先传焉⑩?孰后倦焉⑪?譬诸草木,区⑫以别矣。君子之道,焉可诬也?有始有卒⑬者,其惟圣人乎!"

【注释】①门人小子:指学生。②应对:言语间的酬答、对答。③进退:和尊长、客人等见面、告退之类的礼仪。④则可矣:能做到这样就可以了。⑤抑末:抑是转折词,只是;末是树的末稍,引申为小节。⑥本:树的主干,引申为根本,基础。⑦无:这里子游讥笑子夏教法欠妥,认为此等都是末事,不教以末,认为礼乐文章才是大的方面。⑧如之何:这如何行呢。⑨过:过错。⑩传:传授。⑪倦:厌倦。朱熹《论语集注》曰:"如诲人不倦之倦。"引申为置于后面。⑫区:本义为藏匿,又指藏的地方即有一定界限的区域,引申为隔开,区分。⑬卒:终。

圣迹图之骨辨防风·佚名

与经典同行　与圣人为伍

⑬ 子夏曰："仕而优①则学，学而优则仕②。"

⑭ 子游曰："丧致③乎哀而止。"

⑮ 子游曰："吾友张也为难能④也！然而未仁。"

⑯ 曾子曰："堂堂⑤乎张也，难与并为仁矣。"

【注释】①优：有馀力。②优：充实。③致：极尽，竭尽。④难能：难是不容易做到的事，能是做到，即不易做到的事，他做到了。⑤堂堂：形容容仪庄严大方。

商高宗梦赉良弼明·《帝鉴图说》

⑰ 曾子曰："吾闻诸夫子：人未有自致①者也，必也亲丧②乎？"

⑱ 曾子曰："吾闻诸夫子：孟庄子③之孝也，其他④可能⑤也；其不改父之臣与父之政⑥，是难能也⑦。"

⑲ 孟氏使阳肤⑧为士师⑨，问于曾子⑩。曾子曰："上失其道⑪，民

【注释】①致：表达（感情）。②亲丧：亲指接近，丧指哀葬死者的礼仪，亲丧即参加丧礼。③孟庄子：鲁大夫孟献子仲孙蔑之子，名速。④其他：别的事。⑤可能：可以做到。⑥政：政策措施。⑦难能：难能够做到。⑧阳肤：曾子的弟子。⑨士师：典狱官。⑩问：指阳肤询问。⑪上失其道：上层人物失去了正确的准则。

圣迹之图之问礼老聃·佚 名

与经典同行　与圣人为伍

散①久矣！如得其情，则哀矜②而勿喜③。"

⑳ 子贡曰："纣之不善④，不如是之甚也⑤。是以君子恶居下流⑥，天下之恶皆归焉⑦。"

㉑ 子贡曰："君子之过也⑧，如日月之食蚀⑨焉：过也，人皆见之；更⑩也，人皆仰之⑪。"

【注释】①民散：民心涣散。②哀矜：哀怜，悲哀而同情。③勿喜：马融曰："民之离散，为轻漂犯法，乃上之所为，非民之过；当哀矜之，勿自喜能得其情。"④纣：商朝最后一位君主。⑤不如是之甚：未必像世人所说的那么臭名昭著。如是，指前边所讲的或指大家所习闻的事情。⑥下流：本指河的下游，喻指众恶所归处，转指品行卑污。⑦焉：指纣。⑧过：过错。⑨食：通"蚀"。⑩更：改正。⑪仰：敬仰。

圣迹图之梦奠两楹　明·张楷

子张篇第十九

㉒ 卫公孙朝①问于子贡曰:"仲尼焉学②?"子贡曰:"文武之道,未坠于地,在人。贤者识其大者,不贤者识其小者。莫不有文武之道焉。夫子焉不学?而亦何常师之有?"

【注释】①公孙朝:卫国大夫。春秋时鲁有成大夫、楚有武城尹、郑子产之弟均叫此名。②焉学:从什么地方求得学问。

孔子圣绩图之空中奏乐图　明·仇　英

与经典同行　与圣人为伍

㉓ 叔孙武叔①语大夫于朝曰②："子贡贤于仲尼③。"

子服景伯以告子贡④。

子贡曰："譬之宫墙⑤，赐之墙也及肩⑥，窥见室家之好；夫子之墙数仞⑦，不得其门而入，不见宗庙之美、百官⑧之富⑨。得其门者或寡矣⑩。夫子⑪之云，不亦宜⑫乎！"

【注释】①叔孙武叔：鲁大夫，名州仇。②朝：朝堂，朝廷。③贤于：比……贤能。④子服景伯：也叫子服何。春秋时期鲁国大夫。⑤宫墙：围墙。此处"宫"指墙，非指房屋。⑥及肩：达到肩膀那么高。⑦仞：七尺为一仞。⑧百官：官本义是房舍，引申为官职，百官多指众官员，但此处指众房舍。⑨富：本指多，即应有尽有。⑩得其门者或寡矣：能找得到那门进去的人或许很少吧。⑪夫子：指叔孙武叔。⑫宜：指合适，相称。

子张篇第十九

孔子圣蹟图之世业克昌·佚　名

㉔ 叔孙武叔毁仲尼①。子贡曰:"无以为②也!仲尼不可毁也。他人之贤者,丘陵也③,犹可逾④也;仲尼,日月也,无得而逾焉。人虽欲自绝⑤,其何伤于日月乎⑥?多⑦见其不知量也⑧!"

【注释】①毁:毁谤,诽谤。②无以为:无是不要,以是此,为是做,无以为即不要这样做。③丘陵:坡度较缓的低矮小山。一般呈现连绵成片的样子。④逾:超越。⑤自绝:《论语集解》:"言人虽欲自绝弃于日月。"⑥伤:损伤。⑦多:副词,只是。⑧不知量:不自量力。

孔子圣绩图之累累说圣图 明·仇英

与经典同行 与圣人为伍

25 陈子禽谓子贡曰①："子为恭也②，仲尼岂贤于子乎？"子贡曰："君子一言以为知[智]③，一言以为不知[智]，言不可不慎也④。夫子之不可及也⑤，犹天之不可阶而升也⑥。夫子之⑦得邦家者⑧，所谓立之斯立⑨，道[导]⑩之斯行，绥⑪之斯来，动之斯和⑫。其生也荣⑬，其死也哀，如之何其可及也？"

子张篇第十九

【注释】①陈子禽：即陈亢。字子元，一字子禽。蒙（今安徽蒙城）人。②子为恭也：您是谦恭的吧。③君子一言以为知：君子能由一句话表现出他的明智。④知：明智。⑤不可及：高不可攀。⑥不可阶而升：不能靠梯子爬上去。⑦之：于，对……来说。⑧得邦家：或为诸侯或为卿大夫来治理国家。⑨斯：则，乃。⑩道：通"导"，引导。⑪绥：安抚。⑫和：齐心。⑬其生也荣：此句有三种理解：一，荣指乐；他活着时，百姓快乐。二，荣指光荣；大家都觉得他光荣。三，荣是说世人没有谁不尊敬亲爱他。

孔子圣迹图之西狩获麟　明·佚 名

尧曰篇第二十

孔子圣绩图之梦奠两楹图　明·仇　英

公元前479年，孔子病重，子贡拜见。孔子伤心地唱道："泰山其颓乎！梁木其坏乎！哲人其萎乎！"泪随歌下。

与经典同行　与圣人为伍

1 尧曰："咨①！尔舜！天之历数②在尔躬③，允④执其中⑤。四海困穷，天禄⑥永终⑦。"

舜亦以命禹⑧。

曰："予小子履⑨，敢⑩用玄牡⑪，敢昭告于皇皇后帝：有罪不敢赦。帝臣不蔽⑫，简⑬在帝心。朕躬有罪，无以万方⑭；万方有罪，罪在朕躬。"

【注释】①咨：嗟，叹声。②历数：天道，指朝代更替的次序。③躬：身，身体。④允：诚信。⑤允执其中：真诚地坚持中庸之道，比喻真正做到恰到好处。⑥天禄：天赐的福禄。⑦永终：朱熹《论语集注》曰："历数，帝王相继之次第，犹岁时气节之先後也。中者，无过不及之名。四海之人困穷，则君禄亦永绝矣！戒之也。"⑧舜亦以命禹：舜亦用尧命自己之辞以授命于禹。⑨履：相传汤又名履，此为商汤诰天下之辞。⑩敢：岂敢，谨慎。⑪玄牡：黑色牡牛。⑫蔽：掩盖，隐瞒。⑬简：明白，知晓。⑭万方：四方，普天下。

尧曰篇第二十

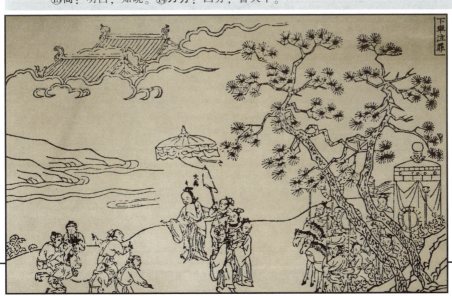

夏禹王下车泣罪　明·《帝鉴图说》

周有大赉①，善人是富②。"虽有周亲③，不如仁人④。百姓有过，在予一人。"

谨权量⑤，审法度⑥，修废官⑦，四方之政行焉。兴灭国，继绝世，举逸民，天下之民归心焉。

所重：民、食、丧、祭。

宽则得众，信则民任⑧焉，敏则有功，公则说[悦]。

【注释】①赉：赏赐。②善人是富：善人于是多起来。一说是善人于是富有。③周亲：最亲近的人。④不如仁人：不如有仁德之人。⑤谨权量：谨是检验、小心对待，权是称重的器具，量是测量容量的器具，如斗斛。⑥审法度：审是审定，法度指丈量的尺子（长度）。以上两句是指统一度量衡的意思。⑦修废官：修为整治，废官指有职而无其官或有官而不举其职。⑧任：信任。

周文王泽及枯骨　明·《帝鉴图说》

与经典同行　与圣人为伍

2 子张问于孔子曰："何如斯可以从政矣①？"子曰："尊五美②，屏③四恶，斯可以从政矣。"

子张曰："何谓五美？"子曰："君子惠而不费④，劳⑤而不怨，欲而不贪⑥，泰而不骄⑦，威而不猛⑧。"

子张曰："何谓惠而不费？"子曰："因民之所利而利之⑨，斯

【注释】①何如：如何，怎么样。斯：连词，犹则、乃。从政：从事政务。②尊：尊重，尊崇。③屏：除。④费：耗费，花费。⑤劳：劳苦。⑥欲而不贪：有所欲望但却不贪婪。⑦泰而不骄：舒泰但却不骄横。⑧猛：凶猛。⑨因民之所利而利之：就着民众能获利的方面引导他们获取利益。

圣迹图之治任别归　明·张　楷

尧曰篇第二十

253

不亦惠而不费乎？择可劳而劳之①，又谁怨？欲仁而得仁，又焉贪②？君子无众寡③，无小大④，无敢慢⑤，斯不亦泰而不骄乎？君子正其衣冠，尊其瞻视⑥，俨然⑦人望而畏之，斯不亦威而不猛乎？"

子张曰："何谓四恶？"子曰："不教而杀谓之虐⑧；不戒⑨视成⑩谓之

【注释】①择可劳而劳之：选择可以让民众劳作的时机让民众出力。②又焉贪：又还贪什么呢。或曰，又怎么会贪呢。焉，副词，多用于反问句中，相当于怎么、哪里。③无众寡：无论是众多还是寡少。④无小大：无论是大还是小。⑤无敢慢：不敢怠慢。⑥尊其瞻视：目不斜视之意，即注重行为。⑦俨然：庄重的样子。⑧教：教诲。或曰教化。⑨戒：申诫，告诫。⑩成：收成，成就。马融曰："不宿戒而责目前成，为视成。"刘宝楠曰："言上于民常先告戒之，而後责成功也。"

孔子圣迹图之治任别归　明·佚　名

与经典同行　与圣人为伍

暴①；慢②令致期③谓之贼④；犹之⑤与人⑥也，出纳⑦之吝⑧谓之有司⑨。"

3　孔子曰："不知命⑩，无以为君子也；不知礼⑪，无以立也⑫；不知言⑬，无以知人也⑭。"

【注释】①暴：《论语集注》："暴，谓卒遽无渐。"②慢：怠慢。③期：期限。④贼：《论语集注》："贼者，切害之意。缓于前而急于后，以误其民而必刑之，是贼害之也。"《荀子·宥坐篇》："孔子曰，嫚令谨诛，贼也；今生也有时，敛文也无时，暴也；不教而责成功，虐也。"《韩诗外传》："孔子曰，不戒责成，害也；慢令致期，暴也；不教而诛，责也。君子为政避此三者。"⑤犹之：犹如。⑥与人：给人财物。⑦出纳：财务的付出和收入，这里偏指付出。⑧吝：小气。⑨有司：古代设官分职，事各有专司，故称有司。此处偏指职务卑微者，引申出"悭吝"之义。⑩知命：知晓命说。⑪礼：礼仪，礼节。⑫立：处身立世。⑬知言：知晓，言论。指善于分析言语，辨别是非。⑭知人：了解他人。鉴察人的品行、才能，乃至知晓人事变化之道。

尧曰篇第二十

孔子圣迹图之汉高祀鲁　清·改琦

孔子圣绩图之子贡庐墓图　明·仇　英

附：

圣迹图

《圣庙祀典图考》

一	先圣小像 / 258	二十四	治宰中都 / 269	四十七	季康币迎 / 281
二	尼丘祷嗣 / 258	二十五	夹谷却莱 / 270	四十八	作猗兰操 / 281
三	麟吐玉书 / 259	二十六	归田谢过 / 270	四十九	鲁识羵羊 / 282
四	龙绕星降 / 259	二十七	三都隳城 / 271	五十	专车谕吴 / 282
五	天乐文符 / 260	二十八	诛邪两观 / 271	五十一	萍实对楚 / 283
六	少陈俎豆 / 260	二十九	受乐巡行 / 272	五十二	商羊知雨 / 283
七	初任委吏 / 261	三十	封人请见 / 272	五十三	遽使谈心 / 284
八	载官乘田 / 261	三十一	围匡曲解 / 273	五十四	贵黍贱桃 / 284
九	赐鲤定名 / 262	三十二	灵公郊迎 / 273	五十五	观蜡论俗 / 285
十	问礼老聃 / 262	三十三	次乘灵公 / 274	五十六	筮贲损益 / 285
十一	问官郯子 / 263	三十四	习礼伐檀 / 274	五十七	梦见周公 / 286
十二	倾盖赠帛 / 263	三十五	东门贻诮 / 275	五十八	杖叩原壤 / 286
十三	学琴师襄 / 264	三十六	陈庭辨矢 / 275	五十九	经成锡璜 / 287
十四	访乐苌弘 / 264	三十七	寄心击磬 / 276	六十	互乡与洁 / 287
十五	观周欹器 / 265	三十八	临河返驾 / 276	六十一	删述六经 / 288
十六	图像兴怀 / 265	三十九	东流喻德 / 277	六十二	西狩泣麟 / 288
十七	金人示慎 / 266	四十	观台释戮 / 277	六十三	梦奠两楹 / 289
十八	蘁庙知灾 / 266	四十一	礼衰去卫 / 278	六十四	心丧庐墓 / 289
十九	在齐闻韶 / 267	四十二	在陈当厄 / 278	六十五	塚志兴亡 / 290
二十	婴沮齐封 / 267	四十三	叶公问政 / 279	六十六	汉高崇祀 / 290
二十一	遇途对货 / 268	四十四	返蔡迷津 / 279	六十七	壁藏谟典 / 291
二十二	杏坛设教 / 268	四十五	楚封见沮 / 280	六十八	钟离完璧 / 291
二十三	鲤庭垂训 / 269	四十六	接舆歌凤 / 280	六十九	孔庙植桧 / 292
				七十	真宗拜祀 / 292

一 先圣小像

按：《祖庭广记》云：先圣生有异质，凡四十九表：反首洼面，月角日准，河目海口，龙颡斗唇，昌颜均颐，辅喉骈齿，龙形龟脊，虎掌胼肋，修肱参膺，圩顶山脐，林背翼臂，注头阜颊，堤肩地足，谷窍雷声，泽腹修上，趋下末偻，後耳面如蒙，其手垂过膝，耳垂珠庭，眉有一十二彩，目有六十四理，立如凤峙，坐如龙蹲，手握天文，足履度宇，望之如仆，就之如升，视若营四海，躬履谦让，胸有文曰：制作定世符，身长九尺六寸，腰大十围。

赞：孔子孔子，大哉孔子！
　　孔子之前，从无孔子。
　　孔子之後，更无孔子。
　　孔子孔子，大哉孔子！

二 尼丘祷嗣

语云：孔子母徵在祷于尼山，在而生孔子，首上圩顶，像尼丘，因名丘字仲尼。

按：叔梁纥有九女而无子。妾生孟皮，字伯尼，有足病，于是乃求婚于颜氏，颜氏有三女，其小曰徵在。颜父问三女曰："陬大夫父祖为士，然其先圣王之裔，今其身十尺，武力绝伦，虽年长性严，不足为疑，三子孰能为之妻？"二女莫对，徵在进曰："从父所制，何问焉？"父曰："即尔能矣。"遂以妻之。徵在既往，庙见。以夫之年大，惧不时有孕，而私祷尼丘之山以祈焉。颜氏升之谷，草木之叶皆上起；降之谷，草木之叶皆下垂。

赞：尼山严严，鲁邦所瞻。
　　降灵自母，孕圣归男。
　　既验以形，遂命以名。
　　草木震动，万古文明。

三 麟吐玉书

孔子未生时,有麟吐玉书于阙里,其文曰:水精之子,继衰周而为素王。颜氏异之,以绣绂系麟角,信宿而去,怀妊十一月而生。

赞:麕身牛尾,肉角马蹄。
　　仁兽聿至,诞圣何疑。
　　吐书系绂,信宿而去。
　　妊怀素王,安得不异!

四 龙绕星降

鲁襄公二十一年己酉十月辛亥朔庚辰越,二十一日庚子,甲申时孔子生于鲁国之昌平乡陬邑,孔子诞生之夕有二龙绕室、五老降庭(五老者金木水火土五星之精也)。

赞:龙德变化,麟虫维首。
　　五行迭乘,运行不朽。
　　宣圣克膺,二瑞集焉。
　　生民未有,夫岂偶然。

五 天乐文符

颜氏之房闻钧天之乐,空中有声云:天感生圣子,故降以和乐之音。故孔子生有异质,凡四十九表。胸有文曰制作定世符。

赞:钧天锡允,和乐普闻。
　　制作定符,厥有明文。
　　阙里挺生,异质种种。
　　四十九表,昊苍诞锺。

六 少陈俎豆

史记:孔子生三岁而叔梁纥死,在鲁五六岁时为儿嬉戏,常陈俎豆习礼容,由是群儿效之,相与揖让,名闻列国,七岁入晏平仲学。

赞:为儿嬉戏,俎豆是持。
　　登降俯仰,有容有仪。
　　不学而能,不闻而识。
　　化洽群童,名闻列国。

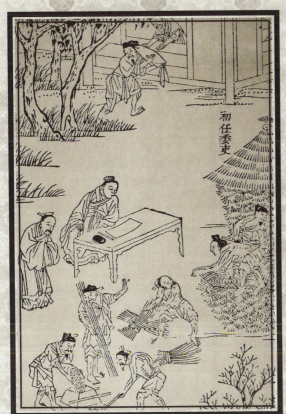

七 初任委吏

孔子既长，常为季氏委吏，料量平。朱子曰："委吏本作季氏吏。《索隐》云：'一本作委吏，与《孟子》合，'今从之。"

赞：宣圣筮仕，委积是司。
　　会计当理，料量適宜。
　　才大任毕，安行自得。
　　不贵尽才，所贵尽职。

八 载官乘田

孔子常为季氏司职吏，而畜蕃息。朱子曰："职读为帜，盖系养牺牲之所。即《孟子》所谓乘田。"

赞：于皇尼父，不毕小官。
　　少登仕版，载司乘田。
　　我畜既繁，我职孔修。
　　居位谋政，不事外求。

九 赐鲤定名

孔子年十九娶于宋之亓官氏,二十一岁生子,適鲁昭公以二鲤鱼赐之,孔子荣君之贶,故名鲤字伯鱼。

赞:圣嗣缵系,实启圣孙。
述圣衍圣,继统相承。
君赐定名,获邀宠荣。
鲤能变化,光裕後昆。

十 问礼老聃

孔子与南宫敬叔入周,问礼于老聃,老子曰:"良贾深藏若虚,君子盛德容貌若愚。"孔子退谓弟子曰:"鸟,吾知其能飞;鱼,吾知其能游;兽,吾知其能走;至于龙,吾不知其乘风云而上天也。今见老子,其犹龙乎!"及去周,老子送之曰:"吾闻富贵者,送人以财;仁者,赠人以言;凡聪明深察而近于死者,好议议人者也;博达宏远而危其身者,好發人之恶者也。"孔子曰:"谨奉教。"

赞:维周柱史,习礼知文。
乃枉圣躬,以廓圣闻。
德比重华,好问好察。
取人为善,异世同辙。

十一　问官郯子

郯子朝鲁,鲁人问曰:"少昊氏以鸟名官,何也?"对曰:"吾祖也,我知之。昔黄帝以云纪官,故为云师,而云名。炎帝以火,共工以水,太昊以龙,其义一也。我高祖少昊挚之立也,凤鸟适至,是以纪之于鸟,故为鸟师,而鸟名。自颛顼以来不能纪远,乃纪于近,为民师而命以民事则不能,故也。"孔子闻之,遂见郯子而学焉。

赞:历代纪官,事以时异。
　　云龙水火,各从其类。
　　郯子来朝,少昊後裔。
　　虚怀请益,博闻广记。

十二　倾盖赠帛

孔子之郯,遭程子于涂,倾盖而语终日,甚相亲。顾谓子路曰:"取束帛以赠先生。"子路对曰:"由闻之,士不中见,女嫁无媒,君子不以交,礼也。"有间,又顾谓子路。子路又对如初。孔子曰:"由,《诗》不云乎:'有美一人,清扬宛兮。邂逅相遇,适我愿兮。'今程子,天下贤士也,于斯勿赠,则终身弗能见也。小子行之。"

赞:郯有贤士,途遇圣人。
　　终日晤对,倾盖相亲。
　　咨尔小子,动必拘礼。
　　後会难期,束帛赠与。

十三 学琴师襄

孔子学琴于师襄,十日不进。襄子曰:"可以益矣。"曰:"未得其数也。"有间,曰:"可以益矣。"曰:"未得其志也"。有间,曰:"可以益矣。"曰:"未得其人也。"有间,曰:"有所穆然深思焉,有所怡然高望而远志焉。"曰:"丘得其为人,黯然而黑,颀然而长眼,如望洋,非文王谁能为此也。"襄子避席,再拜而对曰:"子,圣人也。其传曰《文王操》"。

赞:圣无不知,奚襄是师。
　　曰取其专,以探其微。
　　得数得志,复得其人。
　　声入心通,大哉圣神。

十四 访乐苌弘

孔子适周访乐于苌弘,弘谓刘文公曰:"吾观仲尼,有圣人之表。河目而龙颡,黄帝之形貌也。修肱而龟背,长九尺六寸,成汤之形体也。言必称尧舜,躬履谦让,洽闻强记,博物不穷,其圣人之兴者乎!"

赞:声音之道,与政相通。
　　适周访乐,苌弘聿宗。
　　圣人既与,正定不忒。
　　觌表起慕,闻乐知德。

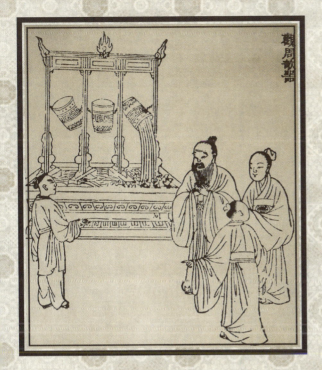

十五　观周欹器

孔子观于鲁桓公之庙，有欹器焉。曰："吾闻宥坐之器，虚则欹，中则正，满则覆，明君以为至诚，故常置于坐侧。"顾谓弟子："试注水焉。"乃注之水，中则正，满则覆。孔子喟然叹曰："物恶有满而不覆者哉。"子路进曰："敢问持满有道乎？"子曰："聪明睿知，守之以愚。功被天下，守之以让。勇力振世，守之以怯。富有四海，守之以谦。"

赞：桓庙欹器，寓目知微。
　　以水注之，其道斯著。
　　惟中则中，倾则覆兮。
　　持之有道，小子勖诸。

十六　图像兴怀

孔子观乎明堂，睹四门墉，有尧舜之容，桀纣之象，各有善恶之状，兴废之诫焉。又有周公相成王，抱负斧扆，南面以朝诸侯之图，孔子徘徊而望之，谓从者曰："此周之所以盛也夫，明镜所以察形，往古所以知今，人主不务袭迹于其所以安存，而忽忽所以危亡，未有异于却步而求及前人也，岂不惑哉！"

赞：观古戒今，前鉴是崇。
　　圣暴并列，惟所适从。
　　丹青绘像，一见震悚。
　　尼父指示，哲后省躬。

十七 金人示慎

孔子观周,入太祖之庙堂,右阶之前有金人焉,三缄其口,而铭其背曰:古之慎言人也!戒之哉,无多言,多言多败。无多事,多事多患。勿谓何伤,其祸将长。勿谓何害,其祸将大。勿谓不闻,神将伺人。诚能慎之,福之根也。强梁者不得其死,好胜者必遇其敌,天道无亲而能下人,戒之哉!孔子既读斯文也,顾谓弟子曰:"小子识之!此言实而中,情而信(慎言人即磨儿坚)。

赞:枢机之发,荣辱之主。
　　古慎言人,曰戒在兹。
　　缄口铭背,服膺罔恣。
　　渊水致凛,垂鉴亿冀。

十八 釐庙知灾

孔子在齐,舍于外馆。景公造焉。适周使至,言先王之庙灾,孔子曰:"此必釐王之庙。"公曰:"何以知之?"孔子曰:"夫釐王变文武之制,宫室崇峻,舆马奢侈,故天殃所宜加其庙焉,以是占之为然。"公曰:"天何不殃其身,而灾及其庙?"孔子曰:"盖以文武故也。若殃其身,则文武之嗣无乃殄乎!故当殃其庙,以彰其过。"俄顷报所灾者乃釐王庙也。景公惊起,再拜,曰:"善哉,圣人之智过人远矣!"

赞:天道无私,福善福淫。
　　釐庙一炬,见拟若亲。
　　变乱祖制,天灾示惩。
　　文武不殄,圣智过人。

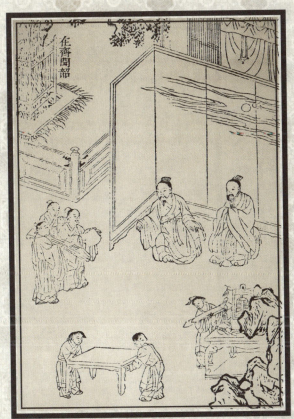

十九 在齐闻韶

孔子年三十五，季平子得罪鲁昭公，公率师击平子，平子与三家共攻昭公，昭公师败奔齐，孔子适齐为高昭子家臣，欲以通乎景公，与太师语乐，闻《韶》，三月不知肉味，齐人称之。

赞：雅随风靡，音随政浇。
　　不图于齐，乃见舜韶。
　　声入心通，神会默识。
　　食味尚忘，何况他事。

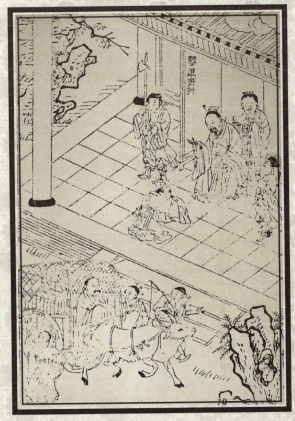

二十 婴沮齐封

齐景公问政。孔子曰："政在节财。"公说，欲封以尼谿之田，晏婴进曰："夫儒者滑稽，而不可轨法，倨傲自顺不可为，下君欲用之，以移齐俗，非所以先民也。"後景公语孔子曰："吾老矣，不能用也。"孔子遂行。

赞：迟迟去鲁，欣欣就齐。
　　所希行道，于以济时。
　　田不可封，仕不可苟。
　　接渐而行，富贵何有。

二十一 遇途对货

阳货欲见孔子，孔子不见，馈孔子豚，孔子时其亡也，而往拜之，遇诸途，谓孔子曰："来！予与尔言。"曰："怀其宝而迷其邦，可谓仁乎？"曰："不可。""好从事而亟失时，可谓知乎？"曰："不可。日月逝矣，岁不我与。"孔子曰，"诺。吾将仕矣。"

赞：权臣柄国，政事日非。
　　大战孔子，藏器待时。
　　圣兮暴兮，邂逅相遇。
　　讥之讽之，恬不介意。

二十二 杏坛设教

孔子年四十二，鲁昭公卒，定公立，季氏替于公室，陪臣执国政，故孔子不仕，退而修诗书礼乐。弟子弥众。

赞：適齐志沮，归鲁政荒。
　　道不可行，怀器以藏。
　　乃修诗书，正乐定礼。
　　沽哉沽哉，待价而起。

二十三 鲤庭垂训

孔子尝独立,鲤趋而过庭。曰:"学《诗》乎?"对曰:"未也。""不学《诗》,无以言。"鲤退而学《诗》。他日,又独立,鲤趋而过庭。曰:"学礼乎?"对曰:"未也。""不学礼,无以立。"鲤退而学礼。

赞: 圣道渊源,厥有统系。
庭教既端,箕裘克继。
学诗学礼,体用咸备。
式穀似之,绳绳弗替。

二十四 治宰中都

孔子五十一岁,定公以为中都宰,制为养生送死之节。长幼异食,强弱异仕,男女别途,路无拾遗。器不雕伪,为四寸之棺五寸之椁,因丘陵为坟,不封不树,行之一年而四方之诸侯则焉,定公谓孔子曰:"学子此法,以治鲁国何如?"孔子对曰:"虽天下可乎?何独鲁国而已哉!"

赞: 邑宰小试,已著芳型。
因民而利,荡荡平平。
诸侯取则,道法可钦。
小试辄效,天下可行。

二十五 夹谷却莱

定公十年春，公会齐侯于夹谷。孔子摄相事，献酬礼毕，齐有司请奏四方之乐，旌旗羽袚，鼓噪而至。孔子趋而进，历阶而登，举袂扬言曰："吾两君为好，此乐何为于此？请命有司却之。"景公心怍，麾而去之。有顷，齐有司请奏宫中之乐，倡优侏儒戏于前。孔子复趋而进，曰："匹夫荧惑诸侯者罪当诛，请命有司加法焉。"景公惧有惭色。齐侯将享公，孔子谓梁丘据曰："齐鲁之故，吾子何不闻焉，夫享所以昭德也，不昭不如其已也。"乃不果享。

赞：书契而降，流为会盟。
　　齐务力胜，鲁以义申。
　　历阶数语，却乘心惊。
　　享以昭德，止而弗陈。

二十六 归田谢过

齐与鲁盟，齐人加于载书曰："齐师出境，而不以兵车三百乘从我者，有如此盟。"孔子使兹无还对曰："而不返我汶阳之田，吾以供命者，亦如之。"齐侯归，责其群臣曰："鲁以君子之道辅其君，而子不以其道教寡人，使得罪于鲁。"乃归所侵鲁之四邑及汶阳之田。

赞：以道辅主，大义凛然。
　　齐之君臣，归语怀惭。
　　夹谷既会，盟言在先。
　　强邻悔过，返我汶田。

二十七 三都隳城

孔子言于定公曰："家不藏甲，大夫无百雉之城。今三家过制，请皆损之。"乃使仲由为季氏宰，隳三都。叔孙不得意于费氏，因费宰公山弗扰率费人以袭鲁，孔子入于费氏之宫，登武子之台伐之。费人北，遂围三都之城，强公室弱私家，尊君毕臣，政化大行。

赞：君尊臣毕，制有常规。
　　家不藏甲，城无百雉。
　　三都既隳，公室渐强。
　　政化大行，圣武布章。

二十八 诛邪两观

定公十四年，孔子年五十六，由大司寇摄行相事，七日而诛乱政大夫少正卯，于两观之下。曰："人有恶者五而盗窃不与焉：一心逆而险，二行辟而坚，三言伪而辩，四记丑而博，五顺非而泽。五者有一于人，则不免于君子之诛，而少正卯兼有之，此乃人之奸雄也，不可以不除也。与闻国政三月，粥羔豚者弗饰价，男女行者别于途，道不拾遗。

赞：圣辅秉钧，皋夔比德。
　　除暴遂良，阳嘘阴吸。
　　化行周道，仁及草莱。
　　期月而已，岂虚语哉。

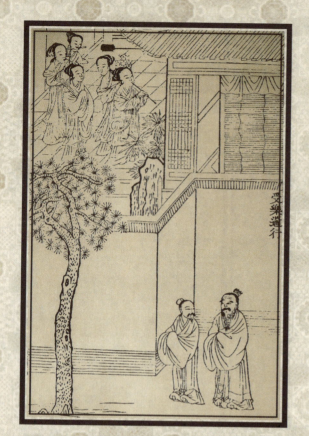

二十九 受乐遄行

齐人闻孔子为政,惧曰:"鲁霸,我为先併矣,盍致地焉。"黎鉏曰:"请先尝沮之,沮之而不可,则致地庸迟乎?"于是选女子八十人,皆衣纹衣而舞,文马三十驷,以遗鲁君。鲁君为周道游观,怠于政事,郊又不致膰俎于大夫,孔子遂行。

赞:望鲁相圣,强齐畏威。
　　女乐文驷,以沮其为。
　　周道游观,不理政事。
　　弁冕而行,膰俎不致。

三十 封人请见

仪封人请见,曰:"君子之至于斯也,吾未尝不得见也。"从者见之出曰:"二三子何患于丧乎?天下之无道也久矣,天将夫子为木铎。"

赞:卫多隐逸,封人其俦。
　　木铎万世,求见立俦。
　　风尘鉴别,慧识独优。
　　尼山事业,一言不朽。

三十一 围匡曲解

孔子去鲁适卫,去卫适陈过匡。阳货常暴于匡,孔子貌类阳货,匡人围孔子五日,孔子弦歌不辍,曰:"文王既没,文不在兹乎?"曲三终而围解。

赞:虎暴于匡,圣状偶同。
彼方此仇,我适与逢。
凤异枭首,麟殊兕迹。
明夷蒙难,今古同厄。

三十二 灵公郊迎

孔子至卫,灵公喜而郊迎,闻孔子居鲁得粟六万,致粟亦如其数。夫灵公于孔子,接遇以礼如此,于是孔子于卫有际可之仕矣。

赞:邻邦接待,君臣遇隆。
致粟如鲁,郊迎礼恭。
际可而仕,期沛丰功。
伤哉视鸿,有初鲜终。

三十三 次乘灵公

孔子去卫过蒲,月馀反乎卫主蘧伯玉家,灵公与夫人同车,使孔子为次乘,孔子曰:"吾未见好德如好色者也。"去之。

赞:陪臣弱鲁,诈力强齐。
　　所希售卫,或可济时。
　　何哉彼昏,德色异好。
　　归欤归欤,恐污吾道。

三十四 习礼伐檀

孔子去卫適曹,是岁鲁定公卒。孔子去曹过宋,与弟子习礼大树下,宋司马桓魋欲杀孔子,拔其树,弟子曰:"可以速矣。"孔子曰:"天生德于予,桓魋其如予何?"遂微服而过宋。

赞:接淅去齐,微服过宋。
　　蠢彼枭狸,欺我麟凤。
　　暴不殄义,直能胜阿。
　　天生圣德,魋如之何。

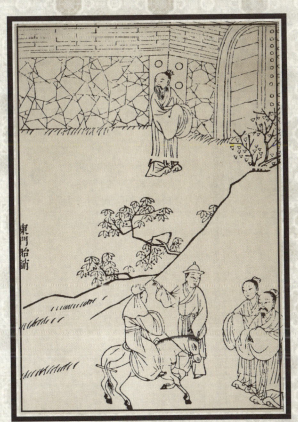

三十五 东门贻诮

孔子去宋过郑,与弟子相失,孔子独立郭东门,郑人谓子贡曰:"东门有人,其颡似尧,其项类皋陶,其肩类子产,然自要以下不及禹三寸,垒垒然若丧家之狗然哉!"

赞:出自东门,顾瞻徘徊。
　　彼二三子,云乎不来。
　　鄙哉郑人,能识圣容?
　　既异其状,复悯其穷。

三十六 陈庭辨矢

孔子遂去陈主司城贞子家,岁馀有隼集于陈庭而死,楛矢贯之,石砮矢长尺有咫,陈湣公问孔子,对曰:"此肃慎之矢也,昔武王克商分陈以肃慎之矢,楛矢石砮。"试求之故府,果得之。

赞:有翩者隼,毙于陈庭。
　　楛矢石砮,祈圣以明。
　　圣曰遐哉,本自周武。
　　谓子不信,请质故府。

三十七 寄心击磬

孔子过蒲适卫，与弟子击磬于卫。有荷蒉而过门者曰："有心哉，击磬乎！"既而曰："鄙哉，硁硁乎！莫己知也。斯已而已矣。深则厉，浅则揭。"子曰："果哉，末之难矣！"

赞：猗欤圣心，不忘斯世。
　　辙环天下，冀行厥志。
　　荷蒉何知，蠡测管窥。
　　决去不返，圣岂难为。

三十八 临河返驾

孔子将西见赵简子，至于河，闻窦鸣犊、舜华之死。临河而叹曰："美哉水！洋洋乎！丘之不济此，命也夫！刳胎杀夭，则麒麟不至其郊。竭泽涸鱼，则蛟龙不处其渊。覆巢毁卵，则凤凰不翔其邑。讳伤其类也。鸟兽之于不义尚知避之，而况于丘哉！"乃还息于陬，作《槃操》以哀之，其词曰："（师）周游天下，靡邦可依。凤鸟不识，珍宝枭鸱。眷焉顾之，惨焉心悲。升车命驾，将适晋都。黄河洋洋，悠悠之鱼。临津不济，还辕息陬。伤予道穷，哀彼无辜。翔翔于卫，复我旧庐。从吾所好，其乐只且！"

赞：我西我辕，将见简子。
　　至河而返，为伤贤士。
　　覆巢凤远，讳伤其伦。
　　物类皆然，何况圣人。

三十九　东流喻德

孔子观于东流之水,子贡问曰:"君子所见大水必观焉,何也?"对曰:"以其不息且遍与诸生而不为也。夫水有似乎德。其流也,则卑下倨拘,必循其理,此似义;浩浩乎无屈尽之期,此似道;流行赴百仞之嵠而不惧,此似勇;至量必平之,此似法;盛而不求概,此似正;绰约微达,此似察;发源必东,此似志;以出以入万物就此化洁,此似善化也。水之德有若此,是故君子见必观焉。"

赞:乾坤化机,万目斯彰。
　　逝者如斯,匪言可状。
　　圣怀偶感,江汉汪洋。
　　外毕就下,道枢莫尚。

四十　观台释戮

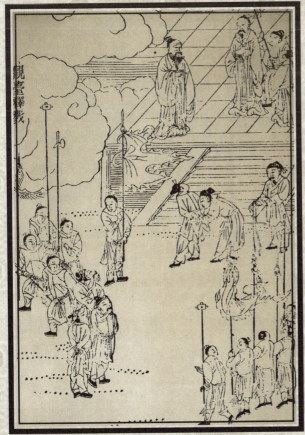

孔子自卫之陈,陈侯起陵阳之台未毕,而死者数十人,又执三监吏,将杀之。夫子既见陈侯,与登台而观,陈侯曰:"昔周作灵台,亦戮人乎?"对曰:"文王之与附者六州,六州之众以子道来,不日成之,何戮之有?"陈侯赦所执之吏,遂罢。

赞:嗟彼陈侯,陵阳妄营。
　　杀民戮吏,心拟周文。
　　惟圣致词,子来婉讽。
　　临刑获释,谈言微中。

四十一 礼衰去卫

孔子返乎卫,灵公问兵陈。孔子对曰:"军旅之事未之闻也。"明日与孔子语,视蜚雁仰观之,色不在孔子,孔子遂行。复如陈时,鲁哀公三年,孔子年六十矣。

赞:陪臣弱鲁,诈力强齐。
　　所希售卫,或以济时。
　　何哉彼昏,面圣目鸿。
　　见几遐举,义不苟容。

四十二 在陈当厄

是年孔子去卫适陈,楚使人聘孔子,孔子将往。陈蔡大夫谋曰:"孔子用于楚,则陈蔡危矣。"于是相与发徒,围之于野不得行,绝粮,从者病,莫能兴。子贡曰:"夫子道至大,天下莫能容。"颜渊曰:"不容何病?不容然後见君子。"孔子讲诵弦歌不衰,于是使子贡至楚,昭王与师迎孔子,然後得免。

赞:猗嗟圣道,丁此屡屯。
　　既畏于匡,复厄于陈。
　　君子固穷,处困而亨。
　　再弦再歌,素位而行。

四十三 叶公问政

孔子如叶，叶公问政，子曰："近者说，远者来。"

赞：列国幻纲，尼父是师。
　　楚雄南服，孰张孰弛。
　　叶公秉政，雅慕特谘。
　　远来近说，江汉攸施。

四十四 返蔡迷津

明年，孔子自陈迁于蔡，如叶去叶反乎蔡。长沮桀溺耦而耕，孔子过之，使子路问津焉，沮溺不告以津处，曰："滔滔者天下皆是也，而谁以易之，且而与其从避人之士也，岂若从避世之士哉！"耰而不辍。

赞：圣在济人，周流水止。
　　隐者洁身，潜藏不起。
　　仕兮止兮，各于其时。
　　沮兮溺兮，岂能知斯。

四十五 楚封见沮

孔子至楚，昭王将封以书社之地。令尹子西谏曰："王之使诸侯有如子贡者乎？辅相有如颜回者乎？将帅有如子路者乎？官尹有如宰予者乎？孔丘得据土壤，贤弟子为佐，非楚之福也。"昭王乃止。孔子自楚返乎卫，时鲁哀公六年也，孔子年六十三。按昭王欲以书社地七百里封孔子，古者二十五家为里，里必立社，则七百里应七百社，为一万七千五百家。

赞：齐封尼谿，晏婴拒之。
　　楚封书社，子西沮之。
　　茫茫列国，竟谁与之。
　　待价而沽，肯轻处之。

四十六 接舆歌凤

楚狂接舆歌而过孔子，曰："凤兮凤兮，何德之衰，往者不可谏，来者犹可追，已而已而，今之从政者殆而。"孔子下，欲与之言，趋而避之，不得与之言。

赞：兕虎载歌，凤胡来仪。
　　览辉而下，德衰匪宜。
　　鸡啄凤食，从政其类。
　　含苞敛符，万世之瑞。

四十七 季康币迎

孔子六十八岁在卫,季康子以币迎归鲁,作《丘陵之歌》,曰:"登彼丘陵,峛崺其阪。仁道在迩,求之若远。遂迷不复,自婴屯蹇。喟然回虑,题彼太山。郁确其高,梁甫回连。枳棘充路,陟之无缘。将伐无柯,患滋蔓延。惟以永叹,涕霣潺湲。"

赞:辙环不已,周流倦行。
季康币迎,东鲁待与。
睠彼太丘,枳棘何深。
咏叹交集,悲来填膺。

四十八 作猗兰操

孔子自卫返鲁,隐谷之中见兰,曰:"兰当为王者香,今与众草伍,乃止车,援琴鼓之,作《猗兰操》曰:习习谷风,以阴以雨。之子于归,远送于野。何彼苍天,不得其所。逍遥九州,无有定处。世人闇蔽,不知贤者。年纪逝迈,一身将老。"遂适卫。

赞:兰为国香,众芳罕伍。
于野于朝,未得其所。
忧从中来,寄慨道左。
援琴成操,一弹再鼓。

四十九 鲁识羵羊

季桓子穿井，获如土缶，其中有羊焉，使使问于孔子曰："吾穿井于费，而井中得一狗，何也？"孔子曰："丘之所闻者羊也。丘闻之：木石之怪，夔魍魉；水之怪，龙罔象；土之怪，羵羊也（大首曰羵）。"

赞：不语有四，怪居其一。
　　土缶有羊，不经之极。
　　博物知名，藻鉴莫京。
　　圣本天纵，岂曰多能。

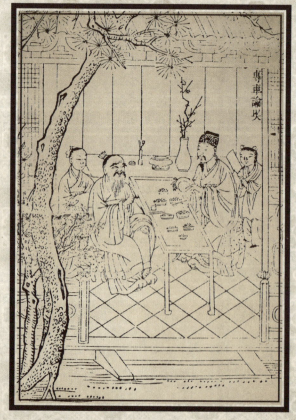

五十 专车谕吴

吴伐越，堕会稽，获巨骨一节，专车焉。吴子使来聘于鲁，發币大夫，而及孔子，孔子爵之。既徹俎而燕客，执骨而问曰："敢问骨何如为大？"孔子曰："丘闻昔禹致群臣于会稽之山，防风氏後至，戮之其骨专车焉，此为大矣。"

赞：吴隳会稽，巨骨是疑。
　　使使聘鲁，谘于仲尼。
　　诸侯群会，防风後至。
　　禹戮专车，圣无不知。

五十一　萍实对楚

楚昭王渡江,中有物大如斗,圆而赤直,触王舟,舟人取之,王大怪之,遍问群臣,莫之能识。使使聘于鲁,问孔子,孔子曰:"此所谓萍实者也,可剖而食之,吉祥也,惟霸者,为能获焉。"使者返,王遂食之,大美。後使来问曰:"夫子何以知其然。"曰:"吾昔之郑,过乎陈之野,闻童谣曰楚王渡江,得萍实大如斗,赤如日,剖而食之,甜如蜜,此楚王之应也,吾是以知之。"

赞: 楚伯诸侯,应在萍实。
　　王舟获焉,如斗如日。
　　陈野闻谣,归使具述。
　　其甘如饴,非圣莫识。

五十二　商羊知雨

齐有一足之鸟,飞集于公朝,下止于殿前,舒翼而跳,齐侯大怪之,使使聘鲁,问孔子,孔子曰:"此鸟名商羊,水祥也,昔童儿有屈一脚,振肩而跳,其谣曰:'天将大雨,商羊起舞。'今齐有之,其应至矣。"急告民趋治沟渠,修隄防,将有大水为灾,顷之大霖雨,水溢泛诸国,伤害人民,惟齐有备不败。景公曰:"圣人之言,信而有徵矣。"

赞: 水祥起舞,童谣预徵。
　　来聘致问,商羊识名。
　　沟渠既濬,修筑在先。
　　有备无患,霖雨晏然。

五十三 蘧使谈心

蘧伯玉使人于孔子,孔子与之坐而问焉,曰:"夫子何为?"对曰:"夫子欲寡其过而未能也。"使者出,子曰:"使乎使乎。"

赞:卫有贤者,明哲保身。
　　卷舒任运,寡过未能。
　　缔交尼父,遣使致词。
　　与坐致敬,欵曲传心。

五十四 贵黍贱桃

孔子侍坐于哀公,赐桃与黍,孔子先饭黍而後啖桃,左右掩口而笑。公曰:"黍者所以雪桃。"孔子对曰:"丘知之。夫黍,五谷之长,郊社宗庙以为上盛。果属有六,而桃为下,不登郊庙。丘闻君子以贱雪贵,未闻以贵雪贱,故不敢从贱而贵雪也。"

赞:郊庙荐登,黍为之长。
　　桃属下果,讵反居上。
　　以贵雪贱,垂反失尚。
　　食赐後先,位置允当。

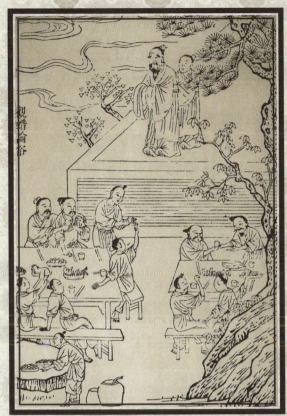

五十五 观蜡论俗

子贡观于蜡,孔子曰:"赐也,乐乎?"对曰:"一国之人皆若狂,未知其为乐也。"孔子曰:"百日之劳,一日之乐,非尔所知也。张而不弛,文武弗能也;弛而不张,文武弗为也。一张一弛,文武之道也。"

赞:百日之劳,一日之乐。
　　民力既勋,与以息作。
　　为张为弛,文武之治。
　　观蜡于乡,王道易易。

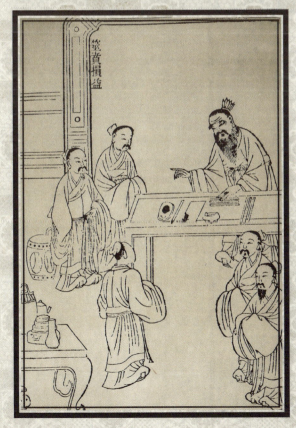

五十六 筮贲损益

孔子尝自筮得《贲》,愀然有不平之色。子张进曰:"卜得《贲》,吉,而夫子之色有不平,何也?"子曰:"山下有火谓之贲,非正色之卦也,夫质也,黑白宜正焉,今得《贲》,非吉兆也。吾闻丹漆不文,白玉不雕,质有馀,不受饰故也。"孔子读《易》,至于损、益,谓子夏曰:"夫自损者必自益,自益者必有以决之。夫道弥益而身弥损,凡恃满而能久者,未尝有也。昔者尧居天下之位,允恭克让,迄今而愈彰。夏桀、昆吾自满而无极,亢意而不节,是以千载而恶著。"子夏曰:"商请志之,终身奉行焉。"

赞:吉凶悔吝,易理咸该。
　　韦编三绝,诵此不衰。
　　损必自益,天之道也。
　　筮而得贲,圣之时哉。

五十七　梦见周公

子曰:"甚矣,吾衰也久矣,吾不复梦见周公。"

赞：定官制礼,先鲁元公。
　　神交已久,寤寐相通。
　　衮舄致思,吐握兆梦。
　　伤嗟迟暮,明良不逢。

五十八　杖叩原壤

原壤夷俟,子曰:"幼而不逊弟,长而无述焉,老而不死,是为贼。"以杖叩其胫。

赞：记严不敬,诗刺无仪。
　　坐立必恭,倨傲非体。
　　何哉故人,礼法不闻。
　　虚忝岁月,以杖示惩。

五十九 经成锡璜

孔子著作既成,斋戒向北斗告备,忽有赤虹自天而下,化为黄玉刻文,孔子跪而受之。

赞:昭事上帝,北斗维枢。
　　著述既备,告成允宜。
　　赤虹下化,黄玉出章。
　　载拜祇受,天锡素王。

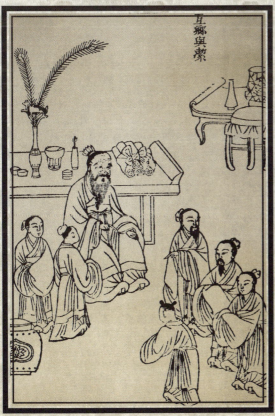

六十 互乡与洁

互乡难与言,童子见,门人惑。子曰:"与其进也,不与其退也,唯何甚?人洁己以进,与其洁也,不保其往也。"

赞:圣教无私,诱掖引导。
　　童子何知,小子有造。
　　春风化雨,明示及门。
　　不咎既往,嘉与维新。

六十一　删述六经

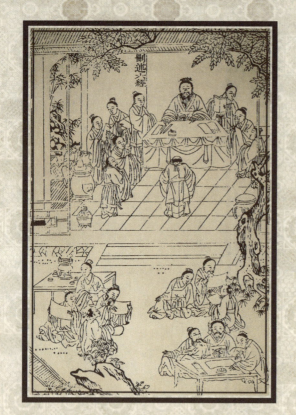

哀公十一年丁巳，孔子年六十八，季康子使人迎孔子，孔子归鲁，然鲁终不用孔子，孔子亦不求仕，乃序《书》《传》、《礼记》，删《诗》正《乐》，序《易·象》、《彖》、《系》、《说卦》、《文言》。弟子盖三千焉，身通六艺者七十二人。按序《书》，上纪唐虞，下至秦缪，知秦之继周也。删古《诗》三千馀篇，止存三百十一篇，鲁进乎颂，所以尊宗国也。晚而喜读《易》，至于韦编三绝。

赞：辙环天下，道不可行。
　　曰归乎来，修我典型。
　　三千从游，七十高弟。
　　删述六经，垂宪万世。

六十二　西狩泣麟

十四年庚申，鲁西狩获麟，孔子感焉，作《春秋》。按：《孔丛子》曰："叔孙氏之车士曰子鉏商，采薪于大野获麟，折其前左足，载以归，众莫之识，弃之五父之衢，使人告孔子曰：'有麇而角者，何也？'孔子往观之，曰：'麟也，胡为乎来哉？'反袂拭面，涕泪沾袍，曰：'吾道穷矣。'乃曰：'唐虞世兮麟凤游，今非其时来何求，麟兮麟兮，我心忧。'"

赞：王降而霸，雅亡而风。
　　麟出毙矣，吾道其穷。
　　既歌以哀，复史以彰。
　　匪徒物感，实为世伤。

六十三 梦奠两楹

十六年壬戌四月乙丑,孔子蚤作,负手曳杖,逍遥于门,歌曰:"泰山其颓乎,梁木其坏乎,哲人其萎乎。"既歌而入,当户而坐。子贡趋而入。夫子曰:"赐,尔来何迟也,予畴昔之夜,梦坐奠于两楹之间。夫王者不兴,而天下其孰能宗余,余殆将死也,遂寝疾,七日而殁,是年四月十八日乙丑午时,时年七十三岁。鲁哀公诔曰:"昊天不吊,不憗遗一老,俾屏余一人以在位。茕茕余在疚,於呼哀哉,尼父!"子贡曰:"生不能用,死而诔之,非礼也。称一人,非名也。鲁君两失之。"

赞:梁折山颓,哲人斯萎。
　　聆子之歌,知道之衰。
　　逍遥于门,奄然而病。
　　藏往知来,达生知命。

六十四 心丧庐墓

是年六月丁巳,葬孔子于鲁城北泗上,弟子皆服心丧,三年毕相诀而去,各复尽哀,惟子贡庐于坟上,凡六年然後去,弟子及鲁人往从坟上而家者百有馀室,因名其居曰孔里。

赞:从游三千,恩义并全。
　　若父无服,心丧三年。
　　既诀而离,哀思孔悲。
　　贤哉赐也,六载相依。

六十五 塚志兴亡

曲阜即孔林,始皇发墓,见坟内有记曰:"後世一男子,自称秦始皇,上我堂,跃我床,颠倒我衣裳,行至沙丘而亡。"果验。

赞:儒教其穷,时值祖龙。
　　圣有先觉,坟识其踪。
　　沙丘殄灭,適殒厥躬。
　　何伤日月,二世覆宗。

六十六 汉高崇祀

鲁自哀公十七年,立庙岁时,奉祠孔子坟,後世因庙藏孔子衣冠琴书,至汉二百馀年不绝。高祖过鲁,以太牢祀焉。元世祖至阙里,谒庙欲拜,其臣止之曰:"孔子,臣也,君不拜臣。"世祖曰:"孔子,大圣人也,安得不拜。"遂下拜祀焉。金章宗谒庙时,为行幄以驻跸。比去,有司请撤之,章宗云:"留为孔氏延实斋。"遂止勿撤。後火。今改为诗礼堂。

赞:穆穆庙庭,圣德斯尊。
　　肃肃衣冠,圣泽斯存。
　　汉祖崇儒,躬拜阙里。
　　太牢之祀,百代伊始。

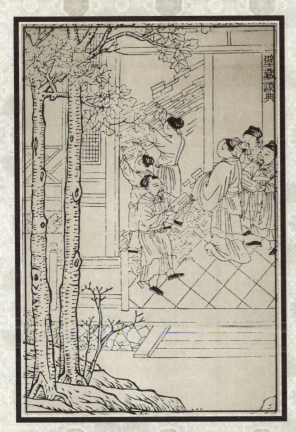

六十七 壁藏谟典

汉景帝时,鲁共王欲废孔子故宅,广其居,闻壁中有金石丝竹之音遂止。後孔安国發壁,得古文经传。

赞:共王广宅,妄觊孔林。
　　金石丝竹,焂尔發音。
　　道有神护,莫逞其雄。
　　伏生再启,典谟聿崇。

六十八 钟离完璧

汉鲁相钟离意,尝出私钱万三千付户曹孔䜣修孔子庙。有张伯除堂下草,得玉璧七枚,怀其一,以六枚白意。堂下有一甕,意召问,䜣答曰夫子甕也。背有丹书,莫敢發。意因發之,文曰:"後世修吾书,董仲舒,护吾车,拭吾履,發吾笥,会稽钟离意。璧有七,张伯怀其一。"意即问张,乃服焉。

赞:鲁相修庙,获璧维七。
　　张伯怀一,自谓计得。
　　甕启丹书,夫子预知。
　　至诚达化,睿照靡遗。

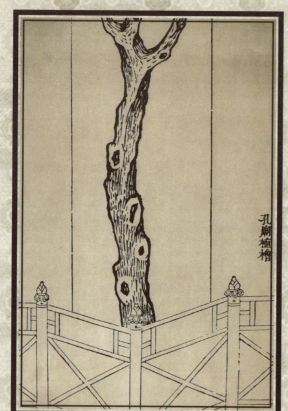

六十九 孔庙植桧

孔庙有宣圣手植桧,燬于丙戌之火,根或戕之。後八十年岁,在癸巳,是为至元三年,导江张颂为教授,甲午仲春,东庑颓址壁陊间苗焉,其芽复植于故处,矢之曰:"此桧日茂则孔氏日兴。"明年,翠色葱然,铭以识之。

铭:兹桧之干,高参于天兹。桧之根深,及于泉为。圣手植,曰岁二千。气芳而达,色殷而坚。崑岗填玉,斧戕茹连。嘉种衍芽,苗乎甕间。孔子以与,矢言有焉。粤若三祀,葱葱芊芊。圣道以续,圣泽以延。自今以始,千亿万年。

此桧每当鼎革,必另苗芽,至元之苗,应明兴也。崇祯十三年复苗,应清运也,纪此以表受命之符。

七十 真宗拜祀

宋真宗东封还幸曲阜,谒孔子之庙,初有司定仪,肃揖而已。上特韠袍,称名酌献,再拜诸叔梁纥,堂命近臣,分奠七十二弟子。遂幸孔林奠拜,又诏以亲奠,祭器俱留庙中,加谥孔子为"至圣文宣王"。

赞:惟宋真宗,屈身忘贵。
过鲁崇师,登堂奠拜。
加谥文宣,礼仪具备。
百世楷模,千秋共戴。

孔子圣绩图之西狩获麟图　明·仇　英

"尚雅"国学经典书系

中华传统蒙学精华注音全本

书名	定价	书名	定价	书名	定价
三字经·百家姓·千字文	24元	龙文鞭影	32元	千家诗	28元
孙子兵法·三十六计	24元	五字鉴	30元	幼学琼林	33元
孝经·弟子规·增广贤文	24元	声律启蒙·笠翁对韵	25元	菜根谭	25元

中华传统文化经典注音全本

辑	书名	定价	书名	定价	辑	书名	定价	书名	定价
第一辑	庄子(全二册)	60元	楚辞	35元	第二辑	唐诗三百首	40元	礼记(全二册)	80元
	宋词三百首	40元	易经	38元		诗经(全二册)	60元	国语	68元
	元曲三百首	36元	尚书	45元		论语	30元	老子·大学·中庸	28元
	尔雅	34元	山海经	38元		周礼	42元		
	孟子	42元				仪礼	45元		
第三辑	春秋公羊传		荀子		第四辑	春秋左传	元	后汉书	
	春秋穀梁传		黄帝内经			战国策		三国志	
	武经七书	40元	管子			文选		资治通鉴	
	古文观止(全二册)		墨子			史记		聊斋志异全图	
	吕氏春秋					汉书			

中华古典文学名著注音全本

书名	定价	书名	定价
绣像东周列国志(全三册)	188元	绣像西游记(全三册)	198元
绣像三国演义(全三册)	188元	绣像儒林外史	
绣像水浒传(全四册)	218元	绣像西厢记	
绣像红楼梦(全四册)	238元		

中华传统文化经典注音全本(口袋本)

书名	定价	书名	定价	书名	定价	书名	定价
论语	15元	诗经	25元	庄子	20元	国语	20元
孟子	19元	唐诗三百首	15元	楚辞	12元	武经七书	17元
三字经·百家姓·千字文	15元	千家诗	11元	宋词三百首	16元	周礼	12元
		易经	16元	元曲三百首	13元	仪礼	11元
声律启蒙·笠翁对韵	15元	尚书	14元	幼学琼林	14元	春秋公羊传	18元
		老子·大学·中庸	14元	龙文鞭影	10元	春秋穀梁传	18元
孝经·弟子规·增广贤文	12元	五字鉴·菜根谭	14元	尔雅	12元	古诗源	20元
		孙子兵法·三十六计	9元	山海经	18元	盐铁论	12元

服务地址:
① 广州市海珠区建基路85、87号广东省图书批发市场304档B
广东智文科教图书有限公司(510230)
咨询热线:(020)34218210 34218090
传 真:(020)34297602

② 南京市四牌楼2号东南大学出版社
咨询热线:(025)83795802
传 真:(025)57711295